AF576322

Le puits

Thomas Poncelet

Le puits

Roman

LE LYS BLEU
ÉDITIONS

ISBN : 979-10-422-2683-1

Au roi Stephen

1
Un matin qui va mal

— Chéri, lève-toi, il est l'heure.

Le radio-réveil en était à sa quatrième chanson sans que Louis ait esquissé le moindre geste, Carla avait l'habitude de le voir traîner au lit le matin, et même si cela ne faisait que 2 ans qu'ils vivaient ensemble, ils se connaissaient déjà très bien.

— Tu vas être en retard, il est 27.

7 h 27, il savait qu'il pouvait se le permettre, mais dans une heure il devait être à son travail.

— J'y vais tout de suite, et toi tu prends à quelle heure ?

— À 10 heures, mais allez file, tu vas encore être en retard et tu sais très bien que Gilles ne va pas être content une fois de plus.

Il se leva non sans lui avoir fait un bisou.

Il n'était pas très grand, blond, mais plutôt pas trop mal foutu, un look à la Brad Pitt, comme disait souvent Carla, et elle se sentait tellement bien avec lui.

Il mit la cafetière en route et courut dans la salle de bain prendre une douche rapide, puis revint 14 minutes après, habillé, prêt à partir. Il regarda l'horloge qui indiquait 7 h 43.

Il était ambulancier pour les urgences à l'hôpital Henry Ford de Detroit qui se trouvait à 3 ou 4 minutes en voiture, il s'assit donc à la table pour avaler son grand bol de café et deux des cinq bouts de brioche qui restaient et que Carla ne voulait pas manger.

Il prit le stylo-feutre et écrit sur l'ardoise accrochée à côté du frigo : « Ce soir j'irais faire les courses, JE T'AIME !!! »

Carla, elle, préparait une licence en droit, et même si c'était très dur, elle ne s'en sortait pas trop mal, ses profs disaient qu'elle avait de grandes facultés et qu'elle pouvait aller très loin.

Encore plus petite que Louis, brune avec des cheveux jusqu'au milieu du dos, elle n'était pas métisse, mais elle avait un teint plutôt bronzé et des yeux noirs.

Il enfila ses chaussures, prit ses clés de voiture, son manteau, et sortit sans faire de bruit, il était 7 h 49.

Quand il mit le nez dehors et le regretta tout de suite, il ne devait pas faire plus de trois ou quatre degrés, il y avait de la brume et du givre sur le pare-brise des voitures. Il n'avait pas envie d'aller travailler, il était si bien avec elle et la seule chose dont il avait envie à l'instant présent était de remonter pour rejoindre la femme de sa vie qui dormait bien paisiblement au chaud.

Il avait dans un coin de la tête l'idée de la demander en mariage, il mettait de l'argent de côté pour lui offrir le plus beau des mariages, un mariage de princesse.

Mais il vit également le visage de son chef, Gilles, qui était son cadet de deux ans, et qui ne demandait pas énormément à son personnel, mais pour lui, la moindre erreur ou le moindre oubli, et c'était la vie de quelqu'un qui pouvait être en jeu. Certes, il ne prenait pas toujours des pincettes pour dire ce qu'il pensait, mais il avait la reconnaissance d'être droit et franc.

Il referma son manteau en cuir et sortit les clés de sa voiture qui était garée sur le petit parking juste en face de chez eux. Il les fit tomber, se baissa pour les ramasser, se releva, et elles retombèrent, il les ramassa une nouvelle fois en faisant attention de ne pas les relâcher.

Il arriva à côté de la voiture, voulut mettre la clé dans la serrure, mais ses mains étaient tellement froides que les clés lui échappèrent et tombèrent à nouveau. Il les reprit et réussit à ouvrir la portière, s'assit au volant, introduisit la clé dans le contact, la tourna et… rien.

La voiture n'avait pas l'air de vouloir démarrer. Il faut dire qu'elle n'était pas toute jeune, elle devait même être plus âgée que lui.

— Allez ma vieille, pas ce matin !

Sa montre indiquait 7 h 51. À pied, ils habitaient un petit appartement au 2638 boulevard Rosa Parks et l'hôpital était, en courant, à trente minutes, et il savait très bien qu'il pouvait le faire, mais le froid qu'il faisait ne lui en donnait pas la force.

Il ressaya plusieurs fois, mais elle ne voulait rien entendre. *Encore deux ou trois,* se dit-il, *et je n'aurais pas le choix, je devrais affronter le vent et le froid.* Il se résigna après une dernière tentative infructueuse, il sortit de la voiture, referma la porte à clé et en voulant les remettre dans sa poche, il les fit tomber.

— 'TAIN !!! Ce n'est pas mon jour.

Il les ramassa, les mit dans sa poche, regarda sa montre, il était 7 h 54, puis il partit en courant.

8 h 23, c'était l'heure quand il poussa la porte des urgences, il faisait tellement froid qu'il n'avait presque pas transpiré en courant.

Il rentra avec cette sensation que son responsable allait être derrière la porte, muni d'un fusil à pompe.

Effectivement, il était là, pas pour l'attendre, mais parce qu'il passait là par hasard.

Gilles était brun, de taille moyenne, et même s'il avait un nom à connotation italienne, Guordalini, il était blanc de peau, plutôt jeune pour un poste de responsable aux urgences.

Ils s'arrêtèrent tous les deux puis après quelques secondes, qui lui avaient semblé une éternité, il lui dit en regardant sa montre :

— Monsieur Louis, fidèle à soi-même à ce que je vois, bien joué, t'inquiète c'est tranquille y a personne.

— Désolé chef, ma voiture n'aime pas le froid.

— Celle-là, quand vas-tu penser à la changer ?

— J'y travaille, chef.

Puis Gilles se retourna et reprit son chemin. Effectivement, il n'y avait personne, Louis alla en salle de pause pour rejoindre ses collègues.

Quand il arriva, il allait attraper la poignée lorsque celle-ci s'ouvrit violemment en lui retournant le poignet :

— AÏE !!! cria-t-il.

— Louis, excuse, ça va ? c'était Nicolas son collègue.

Très grand et mince, pas rouquin, mais il avait des reflets qui tiraient sur le roux, avec de grands yeux verts.

Il ne lui répondit pas tout de suite, la douleur lui donnait envie de pleurer, mais il ne voulait pas en montrer le moindre signe, il finit par dire à son collègue :

— Ça va aller, qu'est-ce qu'il t'arrive ?

— Vite un accident sur Luther, la police est en route.

L'accident avait lieu sur le boulevard Martin Luther-King Junior où se produisaient régulièrement des accidents.

Après s'être habillés, les deux collègues sautèrent dans l'ambulance, mirent la sirène et prirent la route.

Arrivés sur place, les deux ambulanciers trouvèrent une Ford Mustang bleue encastrée dans un poteau électrique, fort bien abîmée elle aussi. La voiture avait foncé dessus pour le taper au niveau de la porte-conducteur qui arrivait au milieu de la voiture.

— Oh la vache ! s'écria Nicolas.

— Ça ne va pas être beau tout ça.

La police n'était pas encore sur place, alors les deux collègues descendirent de l'ambulance et avancèrent vers la voiture avec cette appréhension de ce qu'ils allaient trouver dedans.

Arrivés à hauteur de la voiture, il y avait du sang qui fumait sur le capot, mais personne à côté, ils regardèrent au niveau de ce qu'il restait de la porte-conducteur, ils ne trouvèrent aucune trace de qui que ce soit dedans.

Après avoir fait le tour de la voiture et examiné de plus près, il n'y avait personne dedans, ni sur le siège conducteur ni sur le siège passager.

Louis se tourna vers Nicolas et lui lança :

— Mais merde, c'est impossible, vu le choc comment il a fait pour sortir avant l'impact ?

— Et aucune porte ouverte, ce n'est pas possible.

Les deux hommes continuèrent l'inspection de la voiture, mais aucune trace de quiconque ni même dans les environs et là, ils réalisèrent que la police n'était pas là.

— Attends, dit Nicolas, je les appelle.

Il prit son téléphone et fit le numéro de la police :

— Bonjour, je suis ambulancier aux urgences, quelqu'un de chez vous a appelé pour un accident sur Luther-King, mais il n'y a toujours personne sur place. Oui, au croisement de la 14e rue. OK, je suis Nicolas Agalfred, je travaille pour le Henri Ford. Merci, passez le bonjour à Florent Webirono, c'est un pote.

Louis attendit qu'il raccroche et lui demanda :

— Qu'est-ce qu'il y a ?

— Personne ne sait ce qu'est cette histoire, ni n'a téléphoné, personne n'est au courant.

— Ils arrivent ?

— Oui, du coup une patrouille est en route.

À ce moment-là une nouvelle demande d'intervention se fit entendre dans la radio de l'ambulance.

— C'est pour nous ? dit Louis. On fait quoi ?

— Écoute, y a personne et les flics arrivent, alors on bouge, ça ne sert à rien de rester ici.

Ils reprirent la route vers leur nouvelle intervention.

Peu avant midi, les deux hommes étaient dans la salle de repos pour boire un petit café qu'ils avaient bien mérité, tant cette matinée n'avait pas été de tout repos.

Ils cherchaient un moyen afin de se changer les idées, quand une infirmière entra et dit à Nicolas.

— Nico téléphone, Webirono qui voudrait te parler.

— Ah cool, j'arrive, c'est mon pote flic, il va nous en dire plus sur ce conducteur qui a disparu.

Quelques minutes après, Nicolas revint en salle de pause, blanc comme un linge, et dit à Louis :

— C'était mon pote flic, il m'a demandé à quoi je jouais, trois minutes après notre appel, une patrouille de police est arrivée où on leur a dit.

— Oui, et ?

— Rien, ils n'ont trouvé ni voiture ni accident et le poteau, aucun poteau d'abîmé. Ils ont décidé de faire tout le boulevard et n'ont rien trouvé. C'est quoi ce truc ?

— Ce n'est pas possible, on l'a vue cette voiture.

— C'est ce que je lui ai dit, il a cru à un canular, c'est pour ça qu'il a voulu m'appeler, mais je lui ai certifié qu'on l'a vu cette voiture.

— Tu sais quoi, il est midi, on mange chez l'Indien qui est sur la 3e, comme ça on passera devant et on verra.

— Si tu veux, viens on y va.

Ils sautèrent dans l'ambulance en direction du boulevard Martin Luther-King junior.

En arrivant au niveau de l'accident qu'ils avaient vu ce matin, ils se décomposèrent en découvrant qu'il n'y avait aucune trace d'accident et les poteaux étaient intacts.

Ils décidèrent d'aller manger même si cette histoire leur avait un peu coupé la faim, ils prirent quand même deux sandwichs qu'ils mangèrent dans l'ambulance.

La fin de journée parut très longue, ils n'arrivaient pas à effacer la vision de cette voiture encastrée dans le poteau, mais les 15 heures arrivèrent tant bien que mal et les deux jeunes hommes, avec du mal, se dirent au revoir.

Louis rentra chez lui après avoir été faire les courses à la supérette du quartier puis il arriva vers 16 heures avec le moral dans les chaussettes.

Sur les coups de 18 h 30, Carla rentra chez elle après une bien longue journée.

— Chéri, je suis rentrée, t'es où ?

Elle découvrit son amoureux assis dans le canapé, la lumière et la télévision éteintes.

— Pourquoi tu n'es pas venu me chercher, et qu'est-ce que tu fous dans le noir ?

Il sursauta, il ne l'avait pas entendue rentrer :

— Ah chérie !

— Qu'est-ce qu'il t'arrive, ça ne va pas ?

Il lui raconta en détail tout ce qu'il lui était arrivé ce matin et surtout l'histoire de cette voiture qui avait disparu seulement trois minutes après qu'ils soient partis et ce poteau qui s'était redressé comme par magie.

— Oui effectivement, c'est bizarre ton histoire, tu veux que je te fasse couler un bain chaud et que tu te délasses dedans le temps que je prépare un truc à manger ?

— Non merci, je crois que je vais aller coucher, tu ne m'en veux pas ?

— Non aucun souci, vas dodo chéri, je me fais à manger et de toute façon j'ai des trucs à réviser.

Louis se leva et partit en direction de la chambre.

— Et tu n'oublies rien ? Le bisou ce n'est pas possible ?

— Pardon, à demain.

Il lui fit un bisou.

— À demain, dors bien.

Il alla dans la chambre pour se coucher, elle se fit un peu de pâtes, s'installa devant le bureau et sortit tout un tas de livres et de cahiers pour réviser.

Sur les coups de 22 heures, elle décida d'aller se coucher, elle passa par la case salle de bains afin de se brosser les dents puis alla au lit.

En entrant dans la chambre, elle fut étonnée du silence qu'il régnait là, pas de ronflements, et elle vit son amoureux allongé, les yeux ouverts.

— Bein tu ne dors pas ?

— Je n'y arrive pas.

— Mon chéri…

Elle se coucha à ses côtés et lui souhaita bonne nuit.

2
Rencontre accidentelle

6 h 59, Louis coupa le réveil avant qu'il ne se déclenche, se leva d'un seul coup, prit ses affaires et se dirigea vers la salle de bain pour prendre sa douche, il n'avait pas réussi à fermer l'œil de la nuit.

Il partit dans la salle de bains, avala un petit pain au lait puis sortit sans même chercher à démarrer sa voiture, il partit à pied.

Quelques minutes plus tard, il arriva à ce fameux croisement et bien évidemment, aucune trace de l'accident.

Il était perdu, il n'arrivait pas à comprendre ce qu'il s'était passé. Pourquoi cette voiture avait disparu et surtout comment se faisait-il que ce poteau se soit redressé tout seul ?

Il décida de remonter plus haut dans la rue, rien, il redescendit de l'autre côté, mais toujours pas de trace d'un quelconque accident, où était passée cette voiture ?

Il s'assit au sol non loin de là et se mit à réfléchir à toute l'histoire, heureusement qu'il n'était pas tout seul à l'avoir vue, sinon il y aurait de quoi devenir fou, mais d'un autre côté, ça lui paraissait encore plus bizarre.

Il regarda sa montre, 7 h 51, il était en retard, mais peu importe, il repartit à pied et se dit qu'il allait rentrer chez lui retrouver sa douce pour dormir, il prit son téléphone afin de prévenir son travail.

Il repassa devant le poteau, il s'arrêta à côté et une larme se mit à couler.

Quand il rouvrit les yeux, il se dit qu'il fallait qu'il appelle pour prévenir de son absence. Il fit le numéro et quelqu'un décrocha, c'était Ashley à l'accueil des urgences, il lui dit :

— Oui Ashley c'est Louis, je ne suis pas bien ce matin, je crois que je ne vais pas pouvoir venir, tu peux prévenir Gilles ? Quoi ? Nicolas vient d'appeler ? Il n'est pas bien non plus ?

Il savait que s'il ne venait pas, son chef ou un de ses collègues du service de nuit pouvait le remplacer au pied levé, mais si ni lui ni son coéquipier n'étaient là, cela serait plus difficile pour les remplacer. Il hésita un long moment et finit par dire :

— Écoute, je ne suis pas bien, mais je ne peux pas laisser Gilles en galère, ni la patrouille de nuit, j'arrive dans…

À ce moment-là en relevant les yeux, il eut une vision d'horreur quand il vit une Ford Mustang bleue qui descendait sur le boulevard Martin Luther-King.

Il lâcha son portable et regarda la voiture arriver à toute allure, il ouvrit grand la bouche.

Il vit aussi de l'autre côté du boulevard un chien errant qui a commencé à traverser la rue. Il se doutait de ce qui allait arriver, et ce qu'il attendait arriva, le chien traversa la route juste devant la voiture.

Le conducteur fou mit un grand coup de freins et partit dans une danse folle, à droite, à gauche, et il réalisa qu'elle lui fonçait dessus, mais aussi que c'était la même qu'il avait vue la veille au soir.

Le mauvais pilote perdit le contrôle de son bolide et elle lui fonça droit dessus, qu'il ne put esquisser le moindre geste, et la voiture le percuta au niveau du pare-chocs.

Il tapa le pare-brise, s'éleva dans les airs et retomba violemment sur le trottoir. Quant à la voiture, elle alla percuter le poteau au niveau de la porte-conducteur.

En essayant d'ouvrir les yeux, Louis était ébloui par une lumière vive et il lui fallut près d'une minute pour réussir à y voir quelque chose.

Il s'assit.

Il arriva tant bien que mal à discerner ce qui l'entourait. Il était trempé, alors il se leva et remarqua qu'il se trouvait dans un petit ruisseau. Autour de lui il n'y avait rien si ce n'était une prairie et une forêt un peu plus loin au bout du ruisseau.

Mais à part ça, rien.

Il avait beau être mouillé, il ne faisait pas si froid que ça, mais pas chaud non plus.

Il ne comprenait ni où il était, ni ce qu'il faisait là.

Il se demanda où pouvait-il aller, le ruisseau dans lequel il se trouvait paraissait venir de nulle part, d'un côté et de l'autre, il y avait une forêt qui était à une centaine de mètres.

Quoi faire mis à part aller vers cette forêt ?

Alors il partit en direction de celle-ci.

Il était dans un état de tranquillité et d'apaisement et il avançait paisiblement le long du ruisseau quand tout à coup la vision de la Ford Mustang bleue lui revint.

Il tomba à genou et fondit en larmes, où était-il ?

Il n'en savait rien du tout, mais il fallait bien aller et faire quelque chose, alors il se ressaisit et partit en direction de la forêt.

En arrivant à l'orée du bois, il ne distinguait pas grand-chose, il hésita, que faire, rentrer ou pas dans cette forêt ?

En même temps, il n'y avait rien d'autre autour, alors il s'y résigna et entra dans la pénombre de cette forêt.

À peine entré, il remarqua une chose, il n'y avait aucun bruit autour de lui, pas d'animaux ni même d'oiseaux, puis il remarqua que le ruisseau tournait à angle droit sur la gauche, il décida alors de suivre en face.

La peur le traversa, il continua d'avancer à travers les arbres de cette forêt.

Heureusement qu'il y avait de la lumière qui venait de quelques trous au travers des arbres pour qu'il puisse avancer, sinon il se résignerait à rebrousser chemin.

Il avança pendant encore un moment qui lui sembla une éternité, il se rendit compte qu'il n'y avait rien si ce n'était des arbres et des fougères.

Il n'était pas certain d'avancer tout droit, mais il essaya tant bien que mal d'aller en ligne droite et au bout d'un petit moment à crapahuter au travers de ce bois qui lui semblait interminable, il commença à perdre espoir.

Fallait-il qu'il continue à s'engouffrer dans ce paysage d'horreur ? Mais toujours est-il que rien ne lui prouvait qu'il allait arriver à trouver une sortie à ce bois.

Il remarqua soudainement qu'il n'y avait pas grand-chose au sol si ce n'étaient que des feuilles et un peu de mousse, il remarqua aussi trois ou quatre cailloux.

Mais oui, est-ce la solution ?

Il en ramassa puis il les déposa derrière lui.

Il en ramassait régulièrement pour pouvoir marquer son passage en essayant de respecter une ligne droite.

Au bout d'un petit moment, il arriva à angle droit devant une rangée de cailloux, était-ce les siens ?

Comment est-ce possible, il avait bien fait attention à marcher en ligne droite et là, la preuve était que pas du tout. Il regarda la rangée devant lui, elle avait l'air d'être droite, puis derrière lui les cailloux le semblaient aussi.

Mais comment est-il possible qu'une ligne droite se croise à angle droit ?

Ou alors ils appartenaient à quelqu'un d'autre, seulement il n'avait vu personne auparavant, c'était très certainement les siens.

Il remarqua que derrière lui il pouvait voir où il était passé et au bout d'un petit moment, il se résigna à faire demi-tour même si l'idée de retraverser tout ce qu'il venait de traverser ne le réjouissait pas de trop.

Il fallait bien faire quelque chose parce que là, il allait devenir fou, alors il repartit dans le sens inverse grâce aux cailloux qu'il avait laissés au sol.

Il avança pendant quelques minutes, puis d'un seul coup, plus rien, où étaient-ils ?

Comment cela était-il possible ?

Il se retrouva perdu, il ne comprenait pas ce qu'il se passait et il décida tant bien que mal de repartir tout droit, non sans être littéralement perdu.

Il avança encore quelques minutes et arriva au ruisseau qui tournait à gauche et donc à droite pour lui. Comment est-ce possible que l'aller lui parût des heures et le retour ne lui parût que quelques minutes ?

Il se dit pourquoi ne pas le suivre, c'était la dernière chose à faire, alors il s'y résigna et partit à côté.

Il avança pendant quelques minutes puis ce qu'il vit était encore plus irréaliste, le ruisseau se terminait sous une porte.

Mais elle était là, droite devant lui dans ce bois au milieu de nulle part.

Pourquoi une porte ?

Il fit le tour, mais ne comprenait pas comment il se faisait que de l'autre côté il n'y eût plus rien, comme si celui-ci se perdait en dessous de cette porte qui ne devait pas se trouver là.

Il refit le tour et décida d'essayer de l'ouvrir.

Il saisit la poignée, la tourna et l'ouvrit, elle n'était pas fermée à clé.

Il l'entrouvrit et regarda dans l'ouverture, mais ne distingua rien de plus que si elle n'était pas là.

Alors il l'ouvrit complètement et ce qu'il vit lui glaça les os, le ruisseau s'arrêtait là, passé la porte, il n'y avait plus rien, que la forêt.

Il ramassa un caillou et le lança à travers l'ouverture, il arriva bien plus loin, mais lorsqu'il le chercha de l'autre côté, il n'y avait rien.

Il avança jusqu'à la porte, se mit dans l'axe de la tranche, passa la main, regarda de l'autre côté, rien, le bras n'avait pas l'air d'avoir traversé.

Il était de plus en plus perdu.

Il s'assit devant la porte, ramassa tous les cailloux qui lui passaient sous la main et les lança sur l'ouverture de cette satanée porte.

Mais où pouvaient bien passer tous ces cailloux ?

Il était perdu et ne comprenait rien de ce qu'il se passait, il fit le compte rendu de tout ce qu'il s'était passé depuis son réveil dans ce ruisseau.

Il se demandait s'il devait passer cette porte, et pour quoi faire si lui aussi disparaissait en la passant.

Puis il se dit qu'il n'en était plus à ça près, perdu pour perdu…

Alors, il prit son courage à deux mains, se leva, se mit à marcher dans la rivière et se dirigea vers la porte. Il avança, s'approcha et au moment de passer la porte…

RIEN.

Il s'arrêta après l'avoir passée et se rendit compte qu'il était toujours dans la rivière. Il se retourna et vit la porte ouverte avec la forêt à travers, mais pas de ruisseau…

Il ne comprenait rien et se demandait s'il était passé ou s'il avait fait demi-tour, alors il se dit que le meilleur moyen de savoir si c'était le cas c'était d'avancer jusqu'au moment où le ruisseau tournait.

À son arrivée dans le bois, il partait à gauche donc logiquement, en sens inverse, il devait tourner à droite.

Il longea le cours d'eau encore un peu et arriva à ce fameux croisement. Seulement, au lieu de tourner à droite, celui-ci tournait à gauche.

Bon OK, il ne tourne pas dans le bon sens, il n'était plus à ça près, il continua à marcher le long du ruisseau jusqu'à ce que celui-ci termine sa course sous un puits.

Il remarqua l'orée du bois ainsi qu'une maison.

Il se précipita pour s'extirper de la forêt et voir s'il ne rêvait pas, et là il remarqua qu'il n'y avait pas une maison, mais plusieurs dizaines.

Il se dirigea vers la première et remarqua qu'il n'y avait pas de fenêtres et pas de porte d'entrée, il regarda la deuxième, même chose. Il décida de rentrer dans la première pour voir s'il pouvait trouver quelqu'un.

Il rentra en appelant, mais personne pour lui répondre, il alla dans la cuisine, personne, dans le salon, personne, alors il décida d'aller faire un tour dans les chambres, personne, pourtant la maison ne semblait pas être inoccupée, il y avait des verres sur le meuble de cuisine et même des pantoufles dans l'entrée.

Il ressortit et décida d'aller dans la seconde maison, il entra et fit le tour, mais rien, personne. Il fit de même avec la troisième et quatrième maison, mais personne.

En sortant, il entendit un bruit plus loin, cela venait des maisons qui semblaient au milieu des autres.

Alors il courut pour voir ce qu'il entendait, arriva au coin d'une des maisons, et il vit plusieurs tables avec plein de gens autour. Il s'arrêta net et se demanda ce qu'ils étaient en train de faire.

Ils mangeaient tout simplement et au bout de deux ou trois minutes, il se décida à avancer.

Il sortit donc d'un air penaud en s'excusant, tout le monde le regarda d'un air stupéfait quand d'un seul coup il entendit quelqu'un se mettre à crier :

— LOUIS !!!

Il se tourna vers celle qui avait crié et qui était en train de se lever.

Il la reconnut tout de suite, mais cela n'était pas possible, mais si elle le connaissait, cela était peut-être elle.

En la voyant, il n'y avait aucun doute, c'était elle.

Anne, sa mère…

Tout de suite après, il remarqua qu'il y avait son père à côté d'elle et qu'il se levait également.

— Mais que fais-tu là ? Pourquoi arrives-tu de là ? Pourquoi es-tu tout seul ?

— Pourquoi on ne savait pas que tu allais arriver ? lui demanda son père.

— Bah… Euh… Je… Je n'en sais rien, mais où suis-je ?

— Tu ne sais pas ? lui demanda sa mère. Tu ne sais pas où tu es arrivé ?

Anne avait une allure svelte, brune avec les cheveux ondulés qui tombaient sur les épaules.

Quant à Jean, il était longiligne, 1 mètre 80 environ, une coiffure à la brosse très courte, légèrement dégarnie.

— Non, je devrais savoir ? Et vous, que faites-vous là ? Et vivants ? Et pourquoi es-tu si jeune, et papa aussi ?

— Mais il n'y a pas que nous, regarde un peu, là, il y a tes grands-parents, et là tout autour de la table, il y a tous les ancêtres. Les familles Poncelet, Thomas et même Guion.

— Mais comment c'est possible !? En plus, je ne connais pas toutes ces personnes, il n'y avait que toi et mémère.

— Tu ne sais pas ? Et toi, comment es-tu arrivé ici et tout seul ? Mais attends, viens t'asseoir, tu vas nous raconter tout ça.

Louis alla à table, entouré de sa mère et de son père non sans avoir dit un grand bonjour à tous les membres de la table.

— Explique-nous ce que tu fais ici, demanda son père.

— Alors, je travaille au service des urgences à l'hôpital Henry Ford de Detroit, hier matin, on a été appelés mon collègue et moi pour un accident et en arrivant sur les lieux, il y avait une Ford Mustang bleue, mais aucun blessé, alors on a été appelés autre part. La police nous a appris par la suite qu'il n'y avait aucune trace de Ford Mustang sur les lieux, comme si la voiture s'était envolée. Le lendemain matin, je me suis rendu où s'était déroulé l'accident, et plus rien. À ce moment-là une Ford Mustang bleue est arrivée à toute allure, elle a perdu le contrôle et est venue me percuter juste à côté de ce poteau. Et je ne sais pas pourquoi, je me suis retrouvé dans un ruisseau, je l'ai suivi et me voilà.

— OK je comprends, lui répondit son père.

— Maintenant je vais t'expliquer où tu es et ce que tu fais là, lui dit sa mère. Mais avant il faut que tu comprennes que tout ce que tu connais et que tu as vu avant n'est plus, OK ?

— Euh… Oui… D'accord…

— Alors, tu vois, ici c'est un peu comme le Paradis.

— Ouais !?

— Là toutes les personnes que tu vois autour de la table, c'est toute la famille, il y a en tout cinq générations.

— OK.

— Il y a tous tes ascendants, on remonte jusqu'à Mathieu Guion, le premier à être né sur terre. Il y a aussi la famille Thomas avec Paul qui est l'oncle de ton grand-père, sa femme Emma Guion, ses frères et sœurs ainsi que ses parents, ce fameux Mathieu et son épouse Erika. Comme je te disais, il y a en tout cinq générations, ce qui représente au total 1 995 personnes. Tu vas me dire : « Mais tout le monde n'est pas là. » Eh bien non, vu que dans un couple il y a deux familles qui se croisent, les personnes peuvent aller dans l'une ou l'autre famille ou dans les familles des enfants ou des petits-enfants, ce qui fait qu'aujourd'hui, on est 1212 à table.

— Plus de 1 000 à table, mais qui fait à manger pour tout ce monde-là ?

— Tout le monde, chacun fait son propre repas et on vient manger ici et si quelqu'un veut goûter quelque chose de quelqu'un, il demande. Mais en général cela se passe bien, il n'y a pas de problèmes, c'est la famille. De plus, il faut que tu saches qu'ici, il n'y a pas d'animosité, ni de combat, rien de tout cela, c'est la paix.

— Et pourquoi avons-nous des prénoms très français ?

— Tout vient de la famille de Paul et Emma qui avaient des parents qui venaient de France, Erika et Mathieu sont arrivés aux États-Unis après avoir perdu leurs parents et ceux de Paul venaient également de France, mais vu que leurs parents sont morts jeunes, ils sont déjà repartis.

— Voilà pourquoi nous avons des prénoms français.

— Et des noms de famille.

— D'accord, et maintenant explique-moi aussi pourquoi toutes les maisons sont grandes ouvertes ?

— Comme je te l'ai dit, il n'y a pas d'animosité, pas de combat, pas de vols non plus, donc pas besoin de fermer de portes, de fenêtres ou ce genre de truc. On vit de pas grand-chose, on boit et on mange, mais nous n'avons jamais faim. Nous n'avons même pas besoin de jardiner, si ce n'est la récolte tous les soirs, ça se fait tout seul, et à part ça on discute entre nous ou on joue.

— Vous jouez ?

— Oui essentiellement.

— Et à quoi ?

— Toutes sortes de choses, Colin-Maillard, un deux trois soleil, dauphin dauphine, ce genre de jeux, il y a aussi un jeu que tout le monde adore ici, eh bien c'est la Choule.

— C'est quoi ce truc-là ?

— Oui, c'est un sport qui date de l'époque médiévale, qui est l'ancêtre du foot, du rugby ou du hockey.

— Très bien.

— Quoi te dire de plus ?

— Je ne sais pas, pourquoi es-tu si jeune ?

— Ah oui, alors sache que quand tu arrives ici, si tu es le premier du couple, tu choisis l'âge que tu auras ici. Tu dois choisir un âge qui sera entre vingt et trente ans. Et quand le deuxième arrive, eh bien il aura forcément le même âge que son conjoint, s'il y a.

— D'accord.

— Normalement, poursuivit sa mère, toutes les personnes ici, le sont pour une durée de 100 ans et après ce temps-là, tu repars en enf… euh… sur terre. Tu repars là-haut sous une nouvelle forme, tu peux repartir sous forme humaine, mais tu peux aussi repartir sous la forme d'un insecte ou d'un animal.

— Mais si tu es un insecte et que tu meurs, est-ce qu'il y a un paradis pour chaque espèce d'animal ?

— Non, tu repars directement sur terre, ainsi de suite jusqu'à être de nouveau un humain, ce qui explique que le nombre d'humains ne cesse d'augmenter.

— S'il y a plus d'animaux, comment cela va se passer ?

— Il y aura toujours des animaux, dans ce cas-là, il y aura moins d'hommes sur terre, ce qui explique les différences de démographie.

— OK.

— Et normalement, quand le deuxième du couple arrive à 100 ans de présence ici, ils accueillent un nouveau venu et repartent d'ici pour aller sur terre. Le problème c'est que personne ne devait repartir quand tu es arrivé, ce qui explique pourquoi nous sommes étonnés de ta présence ici, mais ça on verra.

Louis resta là avec sa famille, il discuta avec plusieurs personnes afin d'essayer de comprendre ce qu'il faisait ici, mais aussi pour apprendre plein de choses sur sa famille.

Arrivé à la fin du repas, il aida à débarrasser, ranger les tables, il fut surpris d'une chose, elles ne pesaient presque rien, comme si elles étaient faites en papier ou qu'il était devenu une superstar de la musculation.

Une fois rangé, il alla avec ses parents dans leur maison, ils s'installèrent au salon sur un des trois canapés et il leur demanda :

— Si je suis arrivé ici tout seul, comment cela va se passer, où vais-je dormir ?

— Ne t'inquiète pas, lui dit son père, il y a deux chambres vides ici pour accueillir les gens qui viennent nous rendre visite et qui n'habitent pas à côté, tu vas pouvoir dormir ici.

— Normalement, comme je t'ai dit, lui expliqua sa mère, dès qu'une personne repart, avant, il accueille le nouvel arrivant, il lui explique tout et lui indique la maison qu'il va pouvoir occuper.

— Mais si je suis arrivé ici sans que personne ne parte, ensuite dans quelle maison je vais avoir alors ?

— Je n'en ai aucune idée, dit sa mère, c'est la première fois que cela arrive.

— Mais à qui demander alors, qui dirige ici, comment les maisons sont-elles construites ici ?

— Elles sont là depuis toujours, lui dit sa mère. De même tout ce que tu utilises dans la vie de tous les jours, eh bien, rien ne se casse, les verres sont incassables.

— Mais qui dirige alors ?

— Tout le monde et personne, dit son père.

— Il faudrait demander à l'ancêtre, ajouta sa mère, l'ancêtre, c'est le nom de celui qui est le prochain à partir.

— Mais c'est qui ?

— La tante Léa, elle est là depuis 99 ans, dit son père.

— OK, alors demain j'irais chez cette tante Léa pour voir ce qu'elle me dit et je verrais bien.

— Tu crois qu'on lui dit ? demanda sa mère.

— Oui je pense qu'on peut, répondit son père, maintenant qu'il a vu tout ça, on peut lui dire la vérité.

— Alors, reprit sa mère, je t'ai déjà dit, ici c'est un peu le paradis et quand tu arrives ici, l'ancêtre t'explique que c'est une nouvelle vie, que celle-ci n'est pas éternelle. Que tout ce que tu vis ici n'a rien à voir avec ce que tu connais d'avant sur Terre et que si tu fais une grosse faute en faisant quelque chose de mal ou si tu fais du mal à quelqu'un, eh bien tu repars sur Terre dans la peau d'un animal ou encore pire d'un insecte. Si tu fais une petite faute, tu repars, mais cette fois comme quelqu'un qui aura une vie pauvre ou avec des problèmes.

— OK et c'est pour ça que personne ne fait de mal dans ce monde alors.

— Oui et autre chose, dit sa mère, tu vas entendre que la Terre, c'est l'enfer et que c'est pour cela que tu es content quand quelqu'un naît et que tu es triste quand quelqu'un meurt, alors qu'il va dans un monde meilleur.

— Alors si je comprends bien, il n'y a que l'enfer « ou la Terre » et le paradis « donc ici », mais il n'y a rien entre ?

— Non, dit son père, il n'y a rien, c'est l'un ou l'autre.

— Et maintenant, je veux savoir comment se déroulent les journées ici ?

— Par où commencer, dit sa mère, le matin, on se lève à 10 heures, à midi c'est le moment de détente, on joue, on chante, et ainsi de suite, tu fais comme tu veux. 14 heures, on fait un brin de toilette, même si on ne transpire pas. Ah oui, il faut que tu saches qu'il fait tout le temps la même température, donc même en faisant du sport, on ne transpire pas. Donc, après ça sur les coups de 16 heures, à ce moment-là, on se met en cuisine et à 18 heures, on passe à table jusque 20 heures après on range et on nettoie jusque 22 heures, l'heure d'aller dormir.

— OK, mais comment savez-vous l'heure ?

— Dans le jardin, répondit son père, tu verras, il y a un cadran solaire, mais ce n'est pas à la minute près, si tu n'es pas à l'heure, ce n'est pas grave. D'ailleurs, je dois aller regarder le cadran pour voir où nous en sommes, car il faut savoir que le soleil se couche tous les jours à 22 heures donc comme il n'y a pas de lumière, il ne faut pas tarder pour aller coucher.

Son père se leva vers la fenêtre du salon et revint s'asseoir et dit :

— 21 h 50 passé, il faut aller dodo, je vais te montrer où tu dors.

Et ils montèrent se coucher.

Avant d'entrer dans sa chambre, il les regarda et dit :

— Vous m'avez manqué les parents, je vous aime.

— Nous aussi.

Puis ils se couchèrent.

3
Prise de repère

Louis ouvrit les yeux, il se trouvait toujours dans cette grande chambre bleue ou il s'était endormi la veille. Il ne faisait ni chaud ni froid. Il sortit en même temps que ses parents, les regarda, eut un sourire en coin et leur dit.

— Vous êtes beaux, je vous aime.

— Nous aussi, dit sa mère, on t'aime de tout notre cœur mon ange.

Ils descendirent au rez-de-chaussée, son père regarda par la fenêtre pour voir l'heure qu'il était et dit :

— 10 heures passé, dit son père, tu vois ce que je t'ai dit, on dort toujours autant par nuit.

Ils s'installèrent sur le canapé et Louis leur demanda :

— Alors c'est quoi le programme après, le moment de détente c'est ça ?

— Oui, répondit sa mère, tu vas voir, il y a plein de truc à faire, jeux, sport, musique, des choses comme ça.

Ils discutèrent jusqu'au moment où Louis se dirigea vers la fenêtre du salon, regarda dans le jardin, il vit le cadran solaire et remarqua qu'il était presque 12 heures.

— Tu vas faire quoi ? demanda son père.

— Je ne sais pas, vous faites quoi vous ?

— Ta mère va à la broderie et moi je vais à la choule.

— Je te suis alors.

— Quoi, la broderie ce n'est pas ton truc ?

— Euh, joker.

Louis sorti de la maison avec son père et sa mère, elle partit d'un côté et eux de l'autre. Ils arrivèrent devant une grande étendue où des gens étaient déjà là à faire des étirements. Louis demanda à son père :

— Alors, c'est quoi ton sport ?

— La choule, ou la soule pour d'autres personnes, c'est un jeu traditionnel, ancêtre présumé du football et du rugby, deux équipes se disputent l'une contre l'autre pour marquer un but à l'équipe adverse.

Aujourd'hui, la petite différence, c'est que l'on joue avec une crosse en bois, un peu comme le hockey sur glace ou sur gazon.

— OK, très bien, alors c'est parti.

Louis et son père passèrent un bon moment de rigolade avec plusieurs personnes de la famille et d'autres qu'il ne connaissait pas.

À la fin du match, où personne n'avait gagné, vu qu'ils n'avaient pas compté les points, Louis et son père s'en retournèrent à la maison.

Il était étonné, ils avaient fait du sport pendant deux heures et il n'avait toujours pas transpiré.

Ils arrivèrent à la maison, où sa mère était déjà là, son père passa derrière et dit :

— 14 heures, toilette.

— OK, mais quels vêtements je mets après ?

— Les mêmes, comme tu as vu, on ne transpire pas, je sais, ça ne paraît pas hygiénique, mais à force on prend l'habitude.

— Mais papa, explique-moi, si tu ne transpires pas, que tu n'as jamais chaud, pourquoi se laver ?

— Comme ça, c'est un moment de détente.

— D'accord.

Puis il partit et arriva dans la salle de bains, retira ses vêtements, alla sous la douche.

Il était perdu, pourquoi être là si ce n'est pour le partager avec la personne qu'il aime ?

Finalement, il prit sa douche et redescendit dans le salon pour voir son père et sa mère. Ils étaient tous les deux assis sur les canapés à discuter. Il s'installa à côté d'eux et leur demanda :

— Mais en fait, vous passez vos journées à quoi, si ce n'est à discuter, faire du sport, manger et dormir ?

— Bah rien, dit sa mère, c'est l'idéal, non ?

— Oui c'est sûr, mais bon.

— Quoi ? demanda son père. Tu préfères aller travailler toute la journée à t'abîmer la santé, avoir un salaire pour acheter des choses qui tombent en panne finalement ?

— Non, c'est certain.

— Bon, moi je vais me laver, dit sa mère.

Sa mère se leva et partit à la douche, son père en profita pour demander à Louis :

— Qu'y a-t-il, fils, qu'est-ce qui ne va pas ?

— Rien, je t'assure, tout va bien.

— Tu sais, c'est normal, au début tu te poses beaucoup de questions, tu te demandes à quoi ça sert de faire toutes ces choses-là, mais tu verras, au final tu t'y feras, comme tout le monde ici.

— Je sais.

Après quelques minutes, sa mère revint de la douche, son père y alla à son tour. Elle regarda Louis et demanda :

— Qu'y a-t-il, mon fils ?

— Rien je t'assure, c'est nouveau ça, je vais m'y faire.

— Mais oui.

— Pour toi, ça a mis combien de temps avant de t'y faire à cette vie ?

— Jusqu'à ce que ton père arrive.

— Et après ça a été ?

— Oui.

— OK alors je vais attendre.

— Oui, c'est le mieux à faire.

Son père revint de la douche et dit :

— Bon, si on faisait à manger ?

— OK, dit sa mère, on fait quoi ? Quelque chose de spécial pour l'arrivée de ton fils ?

— Si tu veux, comme il aime depuis toujours, une bonne ratatouille, dit son père.

— OK mon amour.

— Je vais chercher des choses à manger dans le jardin.

Son père sortit et revint plus tard avec un panier de fruits et légumes frais.

— Oui je sais mon fils, ici, comme il fait beau, on ne manque pas de bons fruits et légumes du jardin.

Ils firent une énorme gamelle de ratatouille, pour au moins 15 personnes.

— Je vais regarder l'heure, dit son père.

Et se dirigea vers la fenêtre du salon.

— Presque 18 heures, c'est bon on y va.

Son père attrapa une table, sa mère des chaises, et elle donna le plat de ratatouille à Louis. Ils se dirigèrent au même endroit qu'ils avaient mangé la veille quand il les avait trouvés. Quelques personnes étaient déjà là, des tables d'installées, dont une pour poser les plats dessus, ce qu'il fit avec le plat de ratatouille.

Sur la table en place, Louis vit qu'il y avait que des légumes et des fruits.

Plein de gens arrivèrent à leurs tours, Louis se dit que si la veille ils étaient environ deux mille, cela était normal que beaucoup de gens dussent arriver. Tout à coup, une cloche retentit, son père dit à Louis :

— Ah oui mon fils, tous les jours, le doyen doit sonner une cloche pour indiquer qu'il est 18 heures.

— Tous les jours ?

— Eh oui !

Tout le monde s'installa à table et se mit à manger.

Louis en profita pour discuter avec des personnes qu'il n'avait pas vues la veille et remarqua que plus de monde était présent, alors il demanda à sa mère :

— Et ce soir combien on est ?

— Attends, je demande à Germain, le cousin de ton oncle.

— D'accord.

— Germain, combien on est ?

— Ce soir, on est 3 615 à table, pourquoi ?

— Non, c'est Louis qui voulait savoir.

Germain avait une taille moyenne avec les cheveux rasés, on disait de lui que c'était un beau bébé, il ajouta :

— Normal, plein de monde veut voir le nouveau, en plus comme personne ne savait qu'il arrivait.

— Oui, l'annonce de ton arrivée a fait boule de neige, enchérit sa mère. Mais le problème c'est que personne ne savait que tu arrivais et ça intrigue.

— Il faudrait qu'on m'explique pourquoi je suis arrivé comme ça, et pas comme tout le monde.

— Je ne sais pas, mais il faudra voir cela avec ta tante Léa pour comprendre, normalement, elle doit passer à la maison demain.

— À quelle heure ?

— Sur les coups de 11 heures, du coup quand on se lèvera, on ne discutera pas que tous les trois.

— D'accord.

— Ah oui, j'ai parlé avec ton père et je dois te dire que si tu ne veux pas quoi que ce soit ou si tu veux faire un truc de ton côté, eh bien sache qu'il n'y a aucun souci.

— Non, ça me fait super plaisir de vous retrouver, vous m'avez manqué pendant toutes ces années.

— Très bien, mais il fallait que tu le saches.

Louis discuta avec plein de monde même des personnes qui ne faisait pas partie de la famille si ce n'est par alliance, des grands-tantes du mari de ses arrière-grand-mères, et des frères de la deuxième femme de son grand-père…

À la fin du repas, tout le monde se mit à débarrasser et à ranger les tables et les chaises.

Tous se firent des bisous et mirent du temps pour regagner leurs maisons.

Louis et ses parents rentrèrent, arrivèrent dans le salon et son père passa devant la fenêtre, il dit :

— 21 h 30 passé, on a beaucoup discuté ce soir, et surtout toi Louis.

Puis il fit un clin d'œil à son fils.

— Il va être l'heure d'aller se coucher alors.

Louis alla au lit non sans avoir fait un bisou à ses parents et en leur lançant un « je vous aime ».

4
Explication ancestrale

Le lendemain matin, quand Louis se réveilla, il prit deux ou trois minutes avant de sortir de la chambre. Il entendit ses parents se lever et se décida à descendre à son tour dans le salon.

— Bonjour à vous.

— Salut mon ange, lui dit sa mère.

— Bien dormi ? demanda son père.

— Oui et vous ?

— Toujours, dit son père.

Il discuta deux minutes avec ses parents puis il alla enfiler son maillot, en redescendant dans le salon, il vit son père, mais pas sa mère.

— Où est passée maman ?

— Elle est partie chercher la tante Léa.

— Pourquoi, elle ne vient pas toute seule ?

— Comme ta mère fait de la broderie avec, elle lui a proposé d'aller la chercher.

Sa mère arriva avec la tante Léa qui entra dans la maison, regarda Louis et les deux marquèrent un temps d'arrêt, elle finit par lui dire bonjour.

Ils s'installèrent tous dans les canapés.

Sa mère passa par la cuisine pour servir des verres d'eau avant de revenir avec dans le salon, accompagné de quelques petites carottes du jardin.

La tante Léa était une petite bonne femme, pas très grande et très mince, comme plusieurs de la famille, ses cheveux avaient une couleur blond un peu rouquin.

Sa particularité est qu'elle a les dents du bonheur et cela lui donne un charme fou.

Louis regarda la tante Léa et se dit qu'elle n'était pas là durant les deux repas qu'il avait passé ici.

— Tante Léa, dit son père, si on t'a fait venir ici c'est pour essayer de comprendre.

— Oui je me doute, tu aimerais comprendre pourquoi il est arrivé là, et comme ça en plus ?

— Non, moi pas spécialement ajouta Louis, mais il paraît qu'il y a tout un processus d'arrivée et de départ, pourquoi moi je n'y ai pas eu le droit ?

— Très franchement, je ne sais pas, c'est comme ça depuis longtemps, moi je n'avais jamais vu ça.

— D'accord, dit sa mère, alors qui peut nous répondre ?

— Je vais voir à ça, dit sa tante, mais Louis tu vas devoir m'accompagner quelque part.

— Aucun souci à ça, dites-moi quand.

— Demain si tu veux, on peut y aller vers 11 heures ?

— Pas de souci, c'est du rapide tout ça.

— Eh oui mon fils, dit son père, comme nous n'avons rien de spécial à faire ici, eh bien nous pouvons faire plein de choses.

— Moi tante Léa, j'ai une question, dit Louis.

— Vas-y.

— C'est normal que je me réveille en sueur ?

— Certainement pas, ce n'est pas normal, je n'ai jamais entendu quelqu'un dire qu'il s'est réveillé, et en sueur encore moins, normalement on ne transpire pas du tout.

— Tu as bien vu, dit son père, même quand on fait du sport, on ne transpire pas, mais pourquoi alors ?

— Je ne sais pas, dit la tante, mais on pourra voir ça aussi avec la personne qu'on va rencontrer demain.

— Oui pas de problème, mais qui c'est ?

— Tu verras demain.

— OK, très bien.

— Mais maintenant que je suis là et que je t'ai vu, dit sa tante, dis-moi un truc, Emma cela te dit quelque chose ?

— Oui, c'est le prénom de ma copine, pourquoi ?

— C'est bizarre, le jour où je suis arrivé ici, il y a deux personnes qui m'ont accueilli, ces personnes s'appelaient Louis et Emma et je peux te promettre que le Louis qui m'a accueilli c'est ton portrait tout craché.

— Mais alors, dit sa mère, ça voudrait dire ???

— Oui peut-être, dit tante Léa, pour certains la vie ici serait un recommencement, le Louis qui m'a accueilli il y a 400 ans est de retour aujourd'hui.

— C'est possible ? demanda Anne.

— Alors ça, même moi je ne sais pas.

Ils discutèrent un petit bout de temps avant que la tante ne décide de partir, son père alla à la fenêtre et dit :

— Ah quand même, il va bientôt être 15 heures.

— Déjà, dit sa mère, mais je n'ai pas vu le temps passé.

— Il faut se laver, dit son père, alors, Louis tu y vas ?

Mais il était perdu dans ses songes, il repensait à tout ce que lui avait dit la tante Léa.

— Fils, l'appela son père ?

Il sursauta.

— Hein… oui quoi ?

— Tu veux aller à la douche ?

— Oui, pas de problème, j'y vais tout de suite.

Puis il monta à l'étage.

Quand il redescendit, il regarda ses parents qui discutaient dans les canapés, sa mère lui demanda :

— Qu'y a-t-il, tu as pleuré mon fils ?

— Non, c'est l'eau que j'ai prise dans les yeux.

— Te fous pas de nous, dit son père, ici personne n'a les yeux rouges parce qu'il a pris de l'eau dans les yeux et encore moins parce qu'il a pleuré.

— Normalement, dit sa mère, tout le monde est joyeux d'être ici, tu vis 100 ans avec le même âge, tout est facile ici, tu ne travailles pas et…

— Tu ne transpires pas, dit son père.

Et Louis d'ajouter :

— Oui, tu ne transpires pas, mais moi oui !

Son père monta dans la salle de bain.

Sa mère en profita pour lui poser une question :

— Louis, dis, tu es content d'être avec nous ?

— Mais oui, je vous ai retrouvé, alors oui je suis heureux, mais je ne sais pas, il y a un truc qui ne va pas.

— Je vois bien, et tu veux manger quelque chose en particulier aujourd'hui ?

— Non pas spécialement.

Puis il se tut jusqu'au retour de son père, sa mère alla à son tour à la douche.

Ils se mirent en cuisine pour préparer le repas puis partirent manger, ce soir-là, ils étaient 7246 à table.

Louis passa un bon moment qui lui fit oublier tout ce que venait de lui dire la tante Léa.

Puis ils allèrent se coucher.

5
Un nouveau monde s'ouvre

— CARLA !!!!!

Louis était là, allongé sur son lit, en sueur, les yeux dans le vide.

Mais oui, est-ce possible que ce soit ça qui lui manque à ce point ? Finalement il réussit à se rendormir.

Quand il se réveilla le matin, il sortit de la chambre comme tous les matins en même temps que son père et sa mère, il dit bonjour et descendit, il s'installa dans le canapé suivi de ses parents et là son père lui demanda :

— Bien dormi ?

— Si on veut.

— Tu nous as réveillés cette nuit, dit sa mère.

— Désolé.

— Tu sais, dit son père, depuis que l'on est ici, c'est la première fois que cela arrive.

— Encore désolé.

— Tu sais, dit sa mère, ce n'est pas normal de se réveiller la nuit.

— Je sais, mais je n'y peux rien.

— Et est-ce que tu sais ce qui te cause ces réveils-là ?

Louis hésita, il regarda ses parents, pensa à Emma, mais préféra ne rien dire.

— Non, je ne sais pas, et sinon où habite la tante Léa ?

— Alors là, dit sa mère, c'est facile, tu vois où vous avez joué à la choule ?

— Oui, je saurais y retourner.

— Eh bien, quand tu es là, il y a une maison sur une colline.

— Oui j'ai vu, je me suis demandé qui vivait là.

— Eh bien, c'est la tante Léa.

— D'accord.

— Louis, dit son père, si tu savais ce qui ne va pas, tu nous le dirais ?

— Oui, bien sûr.

Son père sentit que son fils était hésitant, mais préféra ne rien dire, avant d'ajouter :

— Dépêche-toi, si tu ne veux pas être en retard chez la tante Léa.

— Oui j'y vais, je voudrais me doucher avant.

Puis il se leva et monta dans la salle de bain, vingt minutes plus tard, il redescendit et dit :

— Et vous, vous allez vous doucher ou vous sortez ?

— Non, dit son père, on va dehors, comme d'habitude, ta mère va à la broderie et moi je vais direct à la choule.

— C'est à quoi, 12 heures ?

— Oui.

— Bon, je vais partir alors.

— Tu veux que l'on t'accompagne ? dit sa mère.

— Non, c'est bon, je crois que j'ai passé l'âge, dit-il avec un petit sourire aux lèvres.

— Tu as raison, dit son père.

Louis commença à partir et au moment de passer la porte, il se retourna, regarda ses parents et leur dit :

— Je vous aime.

— Nous aussi, répondirent-ils en chœur.

Puis il sortit et se dirigea vers le terrain de choule.

Arrivé là-bas, il constata que des gens étaient déjà là pour s'amuser sur le terrain de choule.

Il passa 2 ou 3 minutes à les regarder puis il se tourna vers la maison sur la colline et se résigna à y aller. Et si la tante pouvait avoir la réponse à ses problèmes.

Il arriva près de sa maison, elle l'attendait sous son porche installé sur une balancelle.

Elle lui fit signe de s'asseoir à côté d'elle, ce qu'il fit.

Après un léger silence qui lui parut une éternité, la tante lui dit :

— Louis, il faut que tu saches que je vais te dire un truc, mais personne ne le sait, normalement, seul un ancêtre doit le dire au prochain ancêtre et à personne d'autre.

— D'accord, mais pourquoi moi ?

— Parce que j'ai parlé de toi avec la personne que nous allons aller voir et c'est lui qui me l'a dit de t'avouer tout ce que je savais.

— Tout ce que vous savez ? Et qui est cette personne que nous allons aller voir ?

— Wail.

— Wail ? Et qui c'est ce Wail ?

— Déjà, tes parents t'ont expliqué qu'ici c'est comme le paradis ?

— Oui.

— Et en fait, ici, ce n'est pas comme le paradis, c'est le paradis et qui dit paradis, dit qu'il y a un Dieu.

— Un Dieu ?

— Oui et c'est lui que nous allons aller voir. Il faut que tu saches que Wail est comme toi et moi, ou comme tout le monde.

— D'accord.

— Et il nous attend pour voir avec toi pourquoi tu te retrouves ici.

— Pourquoi ? Il ne sait pas pourquoi je suis là ?

— Je ne sais pas, il ne m'a rien dit, il m'a juste dit de venir le voir avec toi, il aura peut-être la réponse.

— Et on y va quand ?

— On y va tout de suite, ne t'inquiète pas.

Et ils partirent tous les deux quasiment en sens inverse d'où Louis était arrivé. Au bout d'un petit moment, ils arrivèrent devant une maison qui ressemblait aux autres.

Une fois devant la porte, tante Léa appela :

— WAIL ?

— Oui dans le salon.

Ils rentrèrent tous les deux, arrivèrent dans le salon où ils trouvèrent un homme installé paisiblement sur un canapé.

Wail était un grand brun, plutôt mince, mais bien battit, typé avec la tête de quelqu'un qui pouvait faire peur si vous le rencontrez la nuit dans la rue.

— Bonjour à vous.

En plus d'être bien battit, il avait une voix un peu rocailleuse.

— Bonjour, répondirent Léa et Louis en chœur.

— Je suis ravi de vous recevoir ce matin, Louis. Déjà, est-ce que Léa t'a expliqué le rôle que j'avais ici ?

— Oui, vous êtes le…

— Non, tu peux me tutoyer, personne ne se vouvoie ici.

— Très bien, donc tu es le Dieu d'ici.

— Dieu ? Tu y vas un peu fort, je suis seulement un habitant d'ici, comme tout le monde.

— D'accord.

— Et c'est tout ?

— Que c'est vous qui dirigiez tout ici.

— Toi, c'est toi qui dirigeais.

— Pardon, que c'est toi qui dirigeais tout ici.

— Oui, mais comme il n'y a personne de méchant ici donc diriger ici c'est plutôt cool.

— D'accord.

— Je suis également en discussion régulière avec les ancêtres de chaque famille, savoir si ça se passe bien et si personne ne fait de bêtises.

— Très bien, plutôt paisible alors ?

— Tu m'étonnes, plutôt pas mal.

— Et seulement ça ?

— Non, il y a d'autres choses, mais il n'y a rien de bien méchant.

— D'accord.

— Fini de parler de moi, j'ai une question à te poser ?

— Vas-y.

— Est-ce que ça va ?

— Oui très bien.

— Ah bon, tu es sure ?

— Oui

— Alors pourquoi tant de questions ?

— Des questions ?

— Oui tu te poses des tonnes de questions, à savoir pourquoi tu es là, pourquoi si tôt ?

— Oui c'est vrai, j'avoue, dites-moi pourquoi je suis ici ?

— Attends, chaque chose en son temps.

— Très bien.

— Maintenant, raconte-moi en détail tout ce qui s'est passé et qui t'a amené ici ?

— Alors, je suis urgent…

— J'étais.

— Oui pardon, j'étais urgentiste dans la ville de Detroit, avec mon collègue on a été appelés pour une intervention suite à une collision, il y avait une Ford Mustang bleue mal en point, mais aucun blessé. Après avoir appelé la police, ils n'avaient pas été mis au courant, donc on a décidé de partir. Suite à cela, ils nous ont téléphoné pour nous dire qu'il n'y avait plus rien sur les lieux et du coup j'étais mal à l'aise toute la nuit. Le lendemain matin, j'ai décidé de retourner sur les lieux de l'accident et là une Ford Mustang bleue est arrivée comme une furie, a perdu le contrôle et elle est venue me percuter au niveau du poteau, le même poteau où on a trouvé la voiture la veille.

— OK, je comprends.

— Et là, je me suis réveillé dans un ruisseau au milieu d'une prairie.

— Oui, le jardin d'Eden, c'est un endroit qui se trouve entre les deux mondes.

— Donc il y a autre chose que notre Terre et ici ?

— Oui il n'y a pas grand-chose, enfin si, le ruisseau, la forêt et la porte, que tu as trouvé si tu es ici ?

— Oui, donc j'étais dans le ruisseau, je l'ai suivi, je suis arrivé à la porte et j'ai trouvé mes parents à table avec tous mes ancêtres.

— Je vois, mais cela ne m'en dit pas plus.

— Mais… alors… qui pourrait me le dire ?

— Je ne sais pas si quelqu'un peut en savoir plus, mais tout ce que je peux rajouter c'est que tu es le bienvenu ici, on est prêt à t'accueillir les bras ouverts.

Le sang de Louis ne fit qu'un tour, il se leva précipitamment, regarda Wail et dit :

— Moi je ne comprends pas, vous êtes supposé tout contrôler ici et là vous ne savez pas, mais pourquoi ?

— Pour une fois, je ne sais pas quelque chose, je peux te dire que c'est une grande première et c'est bizarre.

Et Louis se rassit sur le canapé.

— Mais alors qui va pouvoir me dire ce que je peux bien faire ici ?

— Je pense savoir quelque chose qui pourrait t'aider.

— OK, mais quoi alors ?

— Mais avant je vais demander à Léa de bien vouloir nous laisser seuls.

La tante Léa se leva et se dirigea vers la porte, une fois partie, Wail lui dit :

— Maintenant je vais te dire, je t'ai menti, je sais pourquoi tu es là, la première des choses, tu n'es pas le premier à arriver ici, tu es le cinquième.

— QUOI ?

— Oui et je peux te dire que je me doutais que tu allais bientôt arriver.

— Pourquoi ?

— Il y a un nouveau venu tous les 400 ans environ et donc je savais que tu allais arriver, tu es l'élu, tout comme Jésus avant toi.

— Jésus ?!

— Oui, il y a eu Jésus il y a plus de 2000 ans ensuite Augustin vers 400, Basile vers 800, Albert en 1205 et Thomas en 1618.

— OK, je commence à comprendre.

— Et il faut que je t'avoue une autre chose, je ne m'appelle pas Wail, mais Thomas.

— Thomas ?

— Tu comprends ce que cela veut dire ?

— Tu es ?

— Oui, je suis le Thomas de 1618. Je suis arrivé après un accident survenu le 23 mai 1618, si tu veux je te raconte mon histoire ?

— Oui, vas-y.

— Nous, les princes rebelles, on s'était réunis à Prague, où on a tenu un tribunal improvisé et on a voulu défenestrer deux personnes, Slavata et Martinic, mais seulement, quand on a essayé de le faire au premier, Martinic, eh bien j'ai glissé et suis malheureusement tombé une vingtaine de mètres plus bas, mort sur le champ. J'ai appris par la suite que les deux hommes que l'on voulait défenestrer sont tombés, tout comme moi, mais seulement eux ont survécu. Suite à cela en a découlé une guerre qui a duré jusqu'en 1648, soit environ 30 ans.

Louis le regarda avec un petit sourire en coin.

— Tel est pris qui croyait prendre !

— Eh oui, merci, mais ce qui est bizarre, c'est que la veille je rêvais que je tombais de cette fenêtre que je ne connaissais pas jusque-là.

- D'accord alors si tu es mort en 1618, pourquoi es-tu toujours ici ?

— Je t'ai dit, je suis l'élu, tout comme toi.

— Si je comprends bien, je vais devoir m'appeler Wail et je vais être là pour 400 ans ?

— Eh oui, complètement.

— Et si je deviens le tout puissant est-ce que c'est possible de retourner sur Terre ?

— Oui, je te montrerais comment faire.

— Quand ?

— Pas demain je ne peux pas, mais après-demain si tu veux, et maintenant, est-ce que je peux rappeler Léa ?

— Bien entendu.

Il siffla un grand coup qui fit sursauter Louis, la tante revint avant de s'asseoir dans le canapé. Wail regarda la Léa et lui dit :

— Merci à toi, Louis ne peut pas te dire ce que je viens de lui dire, désolé.

— Aucun problème.

— Maintenant je ne vous retiens pas, il va bientôt être 17 heures, il va être l'heure de passer à table.

— Merci à toi Th…, euh Wail, une autre question, où manges-tu ce soir ?

— Avec ma famille bien sûr.

— D'accord, alors à bientôt.

Il se leva pour serrer la main de Wail et partit. Louis était mal à l'aise de se retrouver avec la tante Léa alors qu'il ne pouvait rien lui dire.

Il la regarda et lui dit :

— Désolé.

— Aucun souci, il ne me reste pas longtemps ici et j'ai d'autres préoccupations.

Elle lui montra un passage pour rentrer plus vite.

En arrivant près de la maison de ses parents, Louis les retrouva en train d'emmener la table et les chaises pour le repas du soir.

Ses parents le regardèrent et son père lui dit :

— Louis est-ce que ça va ?

— Oui, ça va.

— Tu as une petite mine, lui dit sa mère.

— Et sinon, on mange quoi ?

— Légumes du jardin pour changer.

— Quoi comme légumes ?

— J'ai fait des concombres, des carottes et des betteraves rouges.

— Cool.

Ils finirent de préparer les tables pour le repas du soir en famille.

Louis trouva le temps long, il avait la tête avec Wail et tout ce qu'ils venaient de se dire.

Il passa une très bonne soirée entre ses tantes Camille, Emma, et de son oncle Hugo qu'il ne connaissait pas avant d'être arrivé ici, mais ils avaient les mêmes passions dans la vie.

Son oncle Hugo lui proposa de venir avec eux pour faire de la musique tous les matins au lieu d'aller jouer à la choule en compagnie de son père, ce qu'il accepta.

À la fin du repas, il aida à débarrasser et à tout ranger puis il retourna chez ses parents.

En arrivant, ses parents s'installèrent dans le canapé, mais Louis préféra dire au revoir et monter se coucher directement.

Ils se regardèrent et lui dirent au revoir.

6
La musique adoucit les mœurs

Le lendemain, Louis se retrouva avec ses parents au réveil, ils n'osaient pas trop lui parler, mais son père lui demanda :

— Tu viens avec moi sur le terrain de choule ou as-tu quelque chose de prévu ?

— Je ne sais pas, j'ai les tatas Camille, Emma et tonton Hugo qui m'ont invité à faire de la musique.

— OK très bien, c'est cool.

— Mais par contre, je ne sais pas où est-ce que c'est.

— Je ne sais pas, et c'est chez qui ?

— La maison de la grande tante Charlotte.

— OK, alors c'est la maison tout au bout, juste avant d'arriver au terrain de choule.

— D'accord très bien.

Ils restèrent là à discuter un petit peu avant de partir chacun de leur côté pour faire leurs activités.

Louis arriva devant chez la grande tante Charlotte, il y avait déjà de la musique, il entra dans la maison, trouva Camille, Emma et Hugo en compagnie de plusieurs personnes, dont certains mangent avec eux le soir.

Camille au piano était le sosie de ses petites sœurs Léa et Emma, mis à part qu'elle avait les yeux gris.

Emma au chant, elle ressemblait aussi à ses sœurs, mais encore plus à Léa.

Hugo à la guitare était également très sec, pas très grand et comme Léa et Emma il avait les yeux marron.

Dès qu'il l'aperçu, il lui fit signe de s'asseoir.

À la fin de la chanson, Camille dit à Louis :

— Salut toi, est-ce que ça va ?

— Très bien et vous ?

— Le temps qu'on fait de la musique, ça va toujours.

— Salut à tous.

— Soit le bienvenu Louis, dit Charlotte, est-ce que tu veux jouer ?

Charlotte était très petite, se portait bien et avec des cheveux blonds aux épaules, elle était très belle.

— Oh oui, volontiers.

— Tu joues de quel instrument ?

— Un peu de tout.

— OK c'est cool, alors vas-y, viens, tu veux quoi ?

— Je vois une guitare là-bas, je vais la prendre.

— Vas-y, dit Hugo.

Il la saisit et se mit à jouer au milieu de tout le monde. Après environ deux heures, il était temps d'arrêter et de rentrer à la maison pour prendre une bonne douche.

Il dit au revoir à tout le monde, les remercia et leur dit que le lendemain il ne pouvait pas, mais le surlendemain il n'y avait pas de problème.

Il avait passé un super moment et se sentait mieux, mais ce n'était pas toujours la fête.

Quand il sortit, il se dirigea vers le terrain de choule où il retrouva son père.

— Papa.

Son père lui fit un petit signe de la main.

— Il ne reste pas longtemps, j'arrive.

Une fois le match terminé, son père salua tout le monde et retrouva son fils pour rentrer chez eux.

— Alors mon fils, tu as fait de la musique ?

— Oui, c'était trop fort, j'ai pris la guitare, la batterie et le piano aussi.

— Et tu t'es bien amusé ?

— Oui, c'était cool.

— Tu vois, c'est comme ça tous les jours.

— Et vous, vous ne vous en lassez pas à force ?

— Non, si tu en as marre de quelque chose, tu vas faire autre chose, tu sais, ici personne ne t'en tiendra rigueur si tu changes de truc.

— Et toi tu n'en as pas marre de jouer tout le temps à la choule ?

— Non, il y a toujours des choses différentes tous les jours, de nouvelles personnes ou alors des fois on prend aussi des crosses en bois.

— Et vous ne comptez jamais les points ?

— Si ça arrive, mais comme il n'y a rien à gagner donc il n'y a pas d'intérêt à les compter.

— Très bien.

Ils arrivèrent à la maison et retrouvèrent Anne qui sortait de la douche, et qui dit :

— Tiens mes amours, à qui le tour ?

— Louis, tu veux y aller ?

— Non, papa vas-y.

— Volontiers.

Son père partit à la douche et Louis se retrouva avec sa mère à qui il demanda :

— Mam, tu n'en as pas marre d'aller à la broderie tous les jours ?

— Du tout, il y a toujours de nouvelles choses à faire.

— Ah bon.

— Et toi mon ange, tu t'es amusé chez Charlotte ?

— Oui, c'était cool.

Son père revint de la douche, puis ce fut le tour de Louis, ils discutèrent avant de passer en cuisine.

Ils allèrent chercher des légumes dans le jardin et revinrent avec des salades, des concombres, des courgettes et des navets.

Louis les prépara en compagnie de ses parents.

— Il est l'heure d'aller mettre la table, dit son père, le temps que maman termine, tu viens ?

— OK, si tu veux.

Ils sortirent mettre la table et les chaises, il y avait des gens qui faisaient la même chose.

— Bon c'est bon, si ta mère à terminer, il ne reste plus que les légumes à rapporter.

Ils se mirent à table pour manger où Louis passa une superbe soirée, les mêmes personnes avec qui il avait fait de la musique.

Une fois le repas terminé, ils débarrassèrent, rangèrent les tables et les chaises.

Louis salua tout le monde et il rentra chez ses parents, où son père lui demanda :

— Super soirée et alors demain tu vas voir Wail ?

— Le matin oui, bonne nuit à vous.

— Bonne nuit, mon fils.

— Bonne nuit mon ange, dit Anne.

Et ils allèrent se coucher.

7
La découverte du puits

Le lendemain matin ils se réveillèrent au même moment, comme à peu près tous les matins jusque-là.

— Bonjour mon ange, dit sa mère.

— Bonjour à vous.

— Bonjour fils, dit son père, alors pressé d'aller voir Wail ce matin ?

— Oui, surtout qu'il doit me montrer un truc super important.

— C'est vrai ? Et tu peux dire ce que c'est ?

— Non, je n'ai pas le droit, désolé.

— OK pas grave.

— Mais Louis, ajouta sa mère, s'il te plaît fais attention à toi, d'accord ?

— Oui ne t'inquiète, mais déjà je voudrais me doucher, je ne sais pas à quelle heure je vais rentrer.

Peu de temps après, il se leva et alla prendre une douche avant de partir voir Wail.

Il se demanda s'il allait être obligé de retourner jusqu'à la maison de Léa avant d'aller en direction de chez Wail, mais il se rappela le chemin que lui avait montré la tante Léa pour aller plus vite.

En peu de temps il arriva chez Wail.

— Salut, il y a quelqu'un ?

— Oui, dans la cuisine, entre.

Louis entra, Wail était en train de faire la vaisselle.

— Bonjour, qu'est-ce que tu fabriques ?

— Salut, bah, je lave ce que j'ai utilisé hier soir.

— Tu ne la fais pas le soir avant d'aller coucher ?

— Oh non, pas le courage, je préfère le lendemain.

— OK.

— Je t'en prie, prends une chaise pour t'asseoir le temps que je termine, est-ce que tu veux un verre d'eau à boire ?

— Non merci, je suis pressé que tu me montres comment retourner sur Terre.

— Attends, tu ne crois pas que tu vas retourner sur Terre aujourd'hui ?

— Bah si, pourquoi ?

— Attends, je vais te montrer comment faire, mais le temps que je suis là, tu ne pourras pas utiliser le passage.

— Mais pourquoi ?

— Je ne sais pas, c'est comme ça, enfin c'était comme ça quand je suis arrivé et que j'ai remplacé Albert en 1618.

— Mais pourquoi ?

— C'est comme ça.

Louis n'insista pas plus longtemps, il attendit que Wail termine sa vaisselle.

Après quelques minutes, il demanda à son invité :

— C'est bon, si tu veux bien, je vais te montrer le passage pour passer entre la Terre et ici.

— Oui, j'ai hâte.

— Alors, est-ce que tu connais le puits qui existe derrière chez Léa ?

— Oui, là où se termine le ruisseau, maman m'a dit qu'elle y allait tous les jours pour chercher de l'eau.

— Eh bien, c'est ça le passage.

— Le puits ? Le passage ?

— Oui, pour tout le monde c'est un puits où tu peux puiser de l'eau, mais pour moi, et bientôt pour toi, un passage pour changer de monde.

— OK, alors on y va ?

— Oui, en route.

Ils partirent alors tous les deux en direction de la maison de la tante Léa, mais une fois arrivé à proximité ils changèrent de direction pour atteindre ce fameux puits.

— Alors tu vois, nous y sommes.

— Oui, c'est un puits.

C'était un puits comme beaucoup d'autres avec une corde et un sceau qui permet de remonter de l'eau.

— Non, ce n'est pas qu'un puits, regarde un peu ce qu'il y a dedans.

Louis arriva au bord puis il se pencha pour regarder dans le fond, mais il ne vit que de l'eau.

— Oui, je vois de l'eau et après.

— Non, regarde mieux, là, il y a une échelle.

— Oui, ça je l'avais vu, et alors.

— Eh bien, quand tu te mets au bord, tu te jettes dans l'eau et quand tu remontes, tu te retrouves dans le même puits, mais qui se trouve sur Terre.

— Et pour revenir ?

— Tu fais la même chose en sens inverse.

— Mais si tu sautes dans l'eau, quand tu arrives sur Terre tu es tout mouillé ?

— Non, ne me demande pas pourquoi, mais dès que tu remontes, tu te retrouves tout sec.

— Comme par magie ?

— Oui, si tu veux c'est à peu près ça.

— Mais le puits sur Terre, où est ce qu'il est ?

— Partout et nulle part, en fait, si tu veux aller à un endroit, tu penses à ce lieu en sautant dans l'eau et là, ton puits se retrouve précisément proche du lieu désiré.

— Et personne ne trouve cela bizarre d'avoir un puits qui arrive comme par magie ?

— Quand tu arrives sur Terre, tu es le seul à le voir et il se trouve quelque part, mais dans un endroit isolé.

— OK, je comprends.

— Et quand est-ce que je pourrai y aller ?

— Une fois que je partirais, soit le 21 octobre, le même jour que Max, le cousin de Mathieu partira.

— Très bien.

— Bon, je suis désolé je dois rentrer.

Puis ils rentrèrent chacun dans leurs maisons où Louis retrouva ses parents qui allaient partir à la douche.

— Bonjour vous deux.

— Bonjour mon ange, lui répondit sa mère.

— Bonjour, mon fils, dit son père, comment ça a été ton rendez-vous avec Wail ?

— Très bien, il ne me reste plus qu'à attendre.

— Attendre quoi ? demanda sa mère inquiète.

— Oh, rien, ne te fais pas de souci.

— OK, répondit son père

Alors Jean regarda sa femme et lui dit :

— Chérie, va te doucher, j'irais juste après.

— Très bien, j'y vais.

Une fois parti à la douche, son père lui dit :

— Louis est-ce que ça va ?

— Ben oui pourquoi ?

— Je ne sais pas, tu es bizarre depuis ton arrivée ici, tu discutes avec la tante Léa, qui t'envoie voir un certain Wail, je ne le connais pas ce Wail, qui est cet homme ?

— T'inquiète Papa, ça va aller maintenant.

— J'espère si cela peut te faire te sentir bien de rencontrer des personnes avec qui tu as des infinités, comme Camille, Emma et Hugo.

— Ouais, on s'éclate à faire de la musique.

— Eh bien, c'est cool tout ça.

Puis sa mère revint de la douche et son père y alla à son tour, sa mère le regarda et lui dit :

— Tu es sûr que ça va aller mieux ?

— Mais oui, Papa vient de me questionner aussi, je vais te dire la même chose qu'à lui, tout ira mieux maintenant que j'ai parlé avec ce Wail, il m'a expliqué plein de nouvelles choses.

— Très bien, je suis ravie de l'entendre, et est-ce qu'il t'a dit pourquoi tu étais là ?

— Oui, il m'a dit.

— Et alors il t'a dit quoi ?

— Désolé, je n'ai pas le droit de le dire, mais ne t'inquiète pas ma petite maman, je t'ai dit que tout va aller mieux maintenant.

— J'espère, et est-ce que tu veux venir avec moi pour aller chercher des fruits et légumes dans le jardin ?

— D'accord, et on va chercher quoi ?

— Je ne sais pas, on va voir, mais en tout cas j'ai envie de manger de belles grosses fraises.

Elle alla prévenir son mari et ils allèrent dans le jardin passer un bon petit moment entre eux deux tout en ramassant des fruits et des légumes, mais surtout de belles grosses fraises.

Son père les retrouva dans le jardin pour finir de ramasser de quoi manger, puis ils rentrèrent.

Après la préparation du repas, ils sortirent avec chacun la table, des chaises et ce qu'ils avaient fait à manger, ils retrouvèrent tous les membres de la famille qui commençaient à préparer ce qu'il fallait afin de prendre un bon repas tous ensemble.

Une fois tout le monde arrivé, ils se mirent à table. Louis comme à son habitude s'installa près de ses tantes Camille, Emma et son oncle Hugo, où ils discutèrent musique, évidemment.

Au bout d'un petit moment, Louis leur dit :

— Désolé d'être aussi curieux, mais je ne sais pas quel lien de parenté nous avons ensemble ?

— Alors là, ça ne va pas être compliqué, lui dit Camille, tu vois, nous sommes frères et sœurs, nous avons une autre sœur qui est Léa, la tante Léa, et elle était mariée à un certain Paul qui avait une sœur, Denise. Et elle, elle était ton arrière-grand-mère.

— D'accord, et vous, vous avez des parents ?

— Oui bien sûr, répondit Hugo, tu vois là-bas la dame en rose et le monsieur en noir.

— Oui bien sûr, c'est eux ?

— Oui, notre mère Erika et notre père Mathieu.

— OK et vous êtes là depuis quand ?

— Eh bien, dans l'ordre il y a comme tu sais Léa qui est là depuis 99 ans, ma mère elle 94, mon père lui 93 ans, moi depuis 70 ans, Emma depuis 69 ans et enfin Hugo 65 ans.

— Vos parents sont morts après la tante Léa ?

— Oui, dit Hugo, Léa est morte en 1916 alors que ma mère est morte en 1922 et mon père en 1923.

— Et pourquoi être ici avec nous ?

— Alors, tu vois Gilbert qui joue avec nous ?

— Oui tout à fait.

— Eh bien, c'est le fils de Denise, et c'est ton grand-père également, on aime jouer avec lui, en plus c'est un bassiste de rêve, alors voilà pourquoi on est souvent ici.

— Ha ?!

— Et tu sais aussi que l'on est de la même famille ?

— Par mariage alors, mais pourquoi je ne le savais pas, pourquoi ma mère ne m'a rien dit ?

— Je ne sais pas.

— Par contre, depuis que je suis là je vous trouve discret tous les trois.

— Oui, répondit Camille, dans la famille on reste souvent en arrière-plan, on n'aime pas se mettre en avant, c'est comme ça.

— Tu ne dis pas ça quand tu chantes avec nous.

— Parce que c'est entre nous, mais si demain je devais chanter en public, là… ce serait autre chose.

— Et vos parents, est-ce que vous pourrez me les présenter ?

— Bien entendu, bon pas ce soir vu que le repas touche à sa fin, mais il n'y a pas de souci.

Tout le monde termina avant de ranger dans la joie et la bonne humeur habituelle puis Louis et ses parents regagnèrent leur maison.

Une fois rentrés, ils se posèrent dans le salon pour discuter puis ils montèrent se coucher.

8
Problème paternel

Le lendemain matin après s'être réveillé, tout le monde était assis dans les canapés et à ce moment-là Louis demanda :

— Maman, pourquoi ne pas m'avoir dit que Gilbert avec qui je fais de la musique était ton père ?

— Ah, tu es au courant ?

— Oui je me suis laissé l'entendre dire.

— Oui, je me doutais que ça allait arriver à tes oreilles un jour ou l'autre, donc je vais t'expliquer. Gilbert est bel et bien mon père, il est également le neveu de Paul.

Et le gros problème c'est qu'il m'a abandonné à la naissance et a refait sa vie, avec une autre femme avec qui il a eu trois autres enfants.

— Mais alors pourquoi mange-t-il en notre présence ?

— Parce que c'est ton grand-père.

— Mais où est mémère ?

— Maman est partie en me laissant seule avec ton père et depuis pas de nouvelles.

— Mais où est-elle maintenant ?

— Je n'en sais rien, je ne sais pas si elle est morte ?

— C'est trop triste.

— Eh oui, c'est pour cela que Gilbert reste ici, mais je ne veux pas renouer de liens avec, pas après ce qu'il a fait.

— Et si demain ta mère décède, arrivera-t-elle ici ?

— Franchement, je n'en sais rien.

— Mais alors avec qui avons-nous des liens de parenté ?

— Personne, c'est pour cela que j'ai longtemps pensé à partir d'ici, mais suite à cela j'ai rencontré la tante Léa.

Suite à cette discussion, il était l'heure d'aller à leur moment de détente et chacun parti de son côté.

En arrivant chez la Tante Charlotte, il dit bonjour à ceux qui étaient là, demanda à parler à Gilbert.

Lui, il était très grand, fort brun de cheveux, les yeux noirs, un visage « usé » par la vie, mais avec son charme.

Ils sortirent et Louis lui dit :

— Je sais tout, je sais que tu es mon grand-père et que tu as abandonné ma mère à la naissance.

— Oui, je sais ce que tu penses, mais le problème c'est que ta grand-mère était l'amour de ma vie alors que j'étais promis à une autre sans mon consentement.

— Alors, pourquoi avoir fait un bébé à ma grand-mère ?

— Je ne le savais pas au départ.

— Et pourquoi ne pas être resté avec elle ?

— Parce que mes parents m'avaient promis pour une histoire de terre à une autre famille, donc j'étais obligé de me marier avec cette autre femme, mais une fois lui avoir fait un héritier, je suis parti et j'ai voulu retrouver ta grand-mère, mais elle ne l'a pas entendu de pareil

— Et pourquoi avoir fait trois enfants à l'autre femme ?

— Parce que nous avons eu deux filles au départ.

— Et pourquoi n'a-t-elle pas voulu renouer le contact ?

— Je n'ai malheureusement pas eu l'occasion de lui avouer toute l'histoire et moi à la base je ne savais pas que nous avions eu une fille tous les deux.

— Mais quand l'as-tu appris ?

— Je l'ai appris quand notre fille avait 19 ans, j'ai compris, mais elle, elle ne l'a pas entendue de la sorte.

— Mais alors, Maman n'a pas ton nom de famille ?

— Non, c'est le nom de jeune fille de ta grand-mère, moi le mien c'est Thomas.

— Et c'est le même nom de famille que Camille, Emma, Hugo et Léa ?

— Emma oui, mais les autres c'est Guion leur nom de famille, Léa Guion mariée avec Paul Thomas, qui lui avait une sœur, Denise Thomas, et cette Denise Thomas a eu un enfant hors mariage, moi.

— OK, je commence à comprendre ce que je n'avais pas compris quand j'étais vivant, mais là ça va mieux.

— OK si tu as des questions tu peux venir me voir.

— C'est noté.

Puis ils retrouvèrent les autres pour faire un peu de musique tous ensemble.

Après ce moment de détente, il retrouva son père au terrain de choule puis ils retournèrent chez eux.

En arrivant, il regarda sa mère à qui il demanda :

— Mam, je viens de voir Gilbert et il m'a expliqué ce qu'il avait fait.

— Oui, je te l'ai dit tout à l'heure.

— Mais est-ce que tu sais toute l'histoire ?

— Il a essayé, mais je ne veux rien savoir sur cet homme.

— Maman, il m'a expliqué et je peux te promettre que tu devrais l'écouter, il m'a avoué que s'il avait…

— NON, JE NE VEUX RIEN SAVOIR !

— Mais Maman…

— NON !

— Très bien, mais je dis juste que tu devrais l'écouter.

Sa mère partit en furie à la douche et son père dit :

— Elle ne va pas depuis que cet homme est là même si sa famille à lui est à côté.

— Mais si maman est arrivée ici, c'est à cause de lui.

— Oui complètement.

— Alors pourquoi, elle ne veut pas essayer de se rapprocher ?

— Je ne sais pas.

Puis sa mère redescendit de la douche et elle partit directement dans le jardin.

— S'il te plaît, laisse ta mère tranquille, elle a besoin d'être seule, dit son père.

— Mais avant dis-moi, je croyais qu'il n'y avait pas de mal ici, alors pourquoi est-elle comme cela ?

— C'est vrai, il n'y a pas de mal. Néanmoins le mal existe quand même.

— Je ne comprends pas, si on est vraiment au paradis, pourquoi peut-il y avoir du mal ?

— Eh bien, c'est aussi bête que ça, mais s'il n'y a pas de notion de mal il ne peut pas y avoir de notion de bien.

— Oui très bien, d'accord, je comprends.

— Allez, c'est parti, je vais à la douche.

— D'accord, j'irais aussitôt.

Il sortit finalement de la salle de bains, il retrouva sa mère qui était rentrée de sa balade dans le jardin.

Louis regarda longuement ses parents et dit :

— Maman, désolé.

— Ne t'inquiète pas mon chéri, ce n'est pas grave, mais laisse-moi et arrête de me parler de cet homme.

— Mais j'insiste une dernière fois, tu devrais aller le voir pour lui parler, après j'dis ça, j'dis rien.

Sa mère ne répondit pas.

Son père lui demanda :

— Louis, on va chercher de bons légumes du jardin ?

— Oui si tu veux, j'ai envie d'une bonne salade.

Ils sortirent dans le jardin pour ramasser de bons fruits et légumes et commencèrent la préparation du repas du soir, ils lavèrent la salade, épluchèrent et coupèrent tous les légumes qu'ils avaient ramassés.

Puis il était temps de préparer la table et les chaises dehors, Louis remarqua Wail qui était lui aussi en train d'installer des choses un peu plus loin.

Il s'avança vers lui et dit :

— Bonjour, Wail, que fais-tu ici ?

— Bah je viens manger, lui dit-il en souriant.

— Cool, je vais finir de préparer, on se voit après.

— Pas de problèmes.

Il finit de tout installer avant de s'asseoir à table, il s'installa entre, Emma et Hugo et en face de Wail.

Au cours du repas, Wail demanda à Louis :

— Alors toi, comment occupes-tu tes journées ici ?

— Tu le sais, je fais de la musique.

— Oui, mais explique-moi tu as d'autres choses ?

— Essentiellement de la musique avec Camille, Emma, Hugo et quelques autres personnes pourquoi ?

— Je voulais juste savoir si tu avais trouvé ton truc.

— Oh que oui, j'adore ça.

— C'est cool pour toi et où est ce que vous faites ça ?

— Chez la grande tante Charlotte qui habite à côté du terrain de choule.

— Oh oui, je connais bien Charlotte, on a créé des liens dernièrement, c'est tout frais, on va courir ensemble le matin avant de faire nos sorties.

— OK d'accord, mais toi tu fais quoi comme activités ?

— De tout et de rien en même temps, je vais faire le tour de toutes les familles.

— De toutes les familles ?

— Eh oui !

— Et il y en a combien au total ?

— 1 375 au total même si certaines ont plusieurs noms dans une même famille.

— C'est tout ?

— Oui, il faut savoir que toutes se recoupent entre elles.

Puis ils mangèrent ensemble et à ce moment-là, Louis réalisa que son Père ne connaissait pas Wail, alors il l'invita à venir se joindre à eux.

— Papa, laisse-moi te présenter Wail.

— Enchanté, lança son père.

— Wail, mon père.

— Moi de même, répondit Wail.

— Je voulais juste savoir avec qui mon fils passe du temps et celui qui lui a permis de retrouver le sourire.

— Eh bien, me voilà, mais je ne suis pas sûre d'être celui dont il a besoin pour se sentir bien.

— Pourquoi dites-vous ça ?

— Tu peux me tutoyer, tu sais.

— Oui pardon, pourquoi dis-tu ça alors ?

— Je pense que son mal est bien plus profond et qu'il lui manque quelque chose d'autre que mes réponses.

— Je ne sais pas, mais maintenant que je t'ai vu, je me sens mieux et suis content d'avoir fait ta connaissance.

— Moi de même, tu peux être tranquille, je veille sur lui et je te promets qu'il ne lui arrivera rien.

— C'est ce que je veux, et toi tu es de quelle famille ?

— De la famille Saget, mais ma famille est loin d'ici, je suis seule à habiter dans le coin.

— J'allais dire tu habites juste à côté de chez moi, je crois ne pas me tromper.

— Oui juste derrière.

— OK très bien, maintenant je te laisse avec mon fils, je vais retrouver ma chère et tendre.

Puis il retourna s'asseoir à côté de sa femme et Louis demanda à Wail :

— Merci, il n'était pas serein de me voir partir chez toi alors qu'il ne te connaît pas.

— T'inquiète, il n'y a pas de souci, mais maintenant qu'il m'a vu ça va aller mieux, il va s'adoucir.

— J'espère bien, mais dis-moi, j'ai une petite question.

— Tu peux me demander ce que tu veux, tu sais ce que tu représentes pour moi ici.

— Très bien, alors voilà, pourquoi es-tu ici ce soir ?

— Il faut que je te dise quelque chose après manger.

— Si tu veux, tu me diras quand tu veux, répondit Louis.

À la fin du repas, Wail lui demanda de venir avec lui, ce qu'il fit après avoir prévenu ses parents.

— Je voulais te voir pour savoir si tu pouvais passer chez moi demain matin comme la dernière fois ?

— Oui pas de souci, à quelle heure ?

— Écoute comme la dernière fois, c'était très bien.

— Tout à fait, ça laisse le temps de se réveiller.

— OK alors à demain.

Puis chacun rentra chez soi pour faire la vaisselle, finir la soirée et enfin aller se coucher.

9
Mode d'emploi du puits

Le lendemain matin, une fois réveillés, les parents de Louis restèrent dans les canapés pendant que lui prenait la direction de chez Wail.

Une fois devant la maison, il appela :

— Il y a quelqu'un ?

— Oui, vaisselle.

Il entra et se dirigea vers la cuisine.

— Ah oui, comme d'habitude.

— On ne change pas une équipe qui gagne, laisse-moi finir avant que l'on passe au salon.

Wail termina sa vaisselle de la veille, l'essuya et la rangea dans les placards.

— C'est bon, viens avec moi, on passe au salon, mais avant, est-ce que tu veux un verre d'eau ?

— Volontiers.

Il servit deux verres et ils se dirigèrent dans le salon.

— Alors voilà, si je t'ai demandé de venir ce matin, c'est parce que je voulais te parler de quelque chose.

— Oui, vas-y dis-moi.

— Déjà pour commencer, comme tu sais, quand je serai parti, c'est toi qui vas devenir Wail.

— Oui, je sais.

— Tout le monde va te connaître sous ce nom, même ta famille, donc le mieux serait que tu t'éloignes de tous tes proches.

— Mais pourquoi ?

— Vu que tout le monde va te connaître sous ce nom, tu ne peux pas avoir d'autres personnes qui te connaissent avec un autre nom.

— Attends, je suis arrivé ici, j'ai retrouvé mes parents et là tu me dis qu'il faut que je reparte ? Jamais de la vie.

— Non, je te dis juste de ne pas rester près de ta famille pour éviter que certaines personnes t'appellent autrement qu'avec le nom que tu seras connu, une fois que tes parents ne seront plus là, tu pourras te laisser appeler Wail par tous.

— OK, je comprends, mais ça va être chaud.

— Je me doute, et deuxième chose, je voulais revoir avec toi pour utiliser le passage

— D'accord.

— Alors voilà quand tu es au bord du puits, tu penses très fort à qui tu veux voir sur Terre, tu sautes dans l'eau et là tu te retrouves à proximité de l'endroit où tu veux.

— Tu as juste à penser à qui tu as envie de voir, tu y penses très fort et tu sautes dans l'eau ?

— Oui comme tu as vu, le puits est assez large, donc n'aie pas peur de sauter.

— OK d'accord.

— Mais surtout, il faut que tu te souviennes bien de l'endroit où se trouve le puits parce que si tu le perds, tu ne pourras pas revenir ici.

— Et tout le monde sur Terre pourra voir le puits ?

— Non, ils ne le verront pas, mais il sera là où il t'a amené, alors n'oublie pas où il se trouve.

— D'accord très bien.

— Et dernière chose qu'il faut que je te dise, si tu veux retourner sur Terre, tu ne peux pas y rester éternellement.

— Pourquoi ?

— C'est comme ça, quand tu retournes là-haut, tu ne peux y rester que 24 heures, montre en main alors fais bien attention à toi.

— Et si tu restes plus longtemps ?

— Je ne sais pas, tu te retrouves à être réincarné en insecte sur Terre, personne n'a vraiment essayé, mais si toi tu veux essayer ?

— Non pas là, merci.

— Et aussi attention aux personnes à qui tu vas rendre visite, il faut également savoir que tu n'as pas le même visage qu'à l'heure actuelle, mais tu garderas le même.

— Et quel est l'intérêt de retourner là-haut ?

— Pour visiter des endroits que tu n'avais jamais vus jusque-là ou aller rendre visite à des personnes et leur passer des messages de gens qui se trouvent ici.

— Et pourquoi alors ne pas pouvoir revoir les personnes que j'aime ?

— Si, tu peux, mais eux ne doivent pas savoir qui tu es.

— Ouais, c'est nul alors.

— Déjà que tu es le seul à pouvoir faire cela, arrête de te plaindre s'il te plaît.

— Oui, mais c'est nul.

— Oui, mais c'est comme cela.

— Et je peux voyager quand je veux ?

— Oui, tu n'as pas de restriction.

— Donc si je résume, une fois que tu seras parti, je pourrai retourner sur Terre quand je veux, pour aller où je veux, voir qui j'ai envie du moment que je ne dise pas qui je suis, mais je n'ai le droit qu'à 24 heures de présence. C'est bien ça ?

— Tu as tout compris.

— Tiens, j'ai une autre question, j'ai appris qu'elle doit partir prochainement, c'est quand le grand départ pour la Tante Léa ?

— Le 17 avril.

— Et là on est le ?

— Le 1er avril, donc seize jours à attendre.

— Seize, c'est rapide.

— Profites-en pour retrouver ta famille, après tu n'auras plus autant de temps et tu vas voir défiler les gens.

— OK, c'est bien noté, je vais profiter d'eux.

— Voilà, je ne te retiens pas, vas retrouver tes parents.

— Merci et à ce soir.

— À ce soir.

Il repartit en direction de chez ses parents pour les retrouver, puis il partit directement à la douche. Avant d'entrer dans le salon, ils étaient installés dans le canapé quand Anne demanda à son mari :

— Tu as pu discuter avec ce Wail, qu'en as-tu pensé ?

— Je ne sais pas, il a l'air très gentil, mais il y a quelque chose qui me gêne chez ce garçon.

— Et à ton avis qu'est-ce qu'il a ?

— Je ne sais pas, mais je trouve qu'il a trop confiance en lui, comme si tout le monde lui devait quelque chose, je dois peut-être me tromper.

À ce moment, Louis, qui avait marqué un temps d'arrêt, entendit la discussion entre ses parents.

— Je ne sais pas, répondit sa mère, mais on en a parlé avec les filles et toutes le trouve drôle mis à part la tante Léa, je ne sais pas pourquoi.

— Je vais peut-être mener mon enquête pour en savoir plus sur cet homme.

— Si tu veux, mais si…

Louis entra dans la pièce et dit :

— Ne vous donnez pas de mal, il doit partir bientôt.

Ses parents restèrent sans voix, il avait tout entendu.

— Mais si vous voulez, je peux aller vivre chez lui, il n'y a pas que vous qui avez des chambres de libres.

— Non, ce n'est pas la peine, répondit son père. Désolé, mais il y a quelque chose qui me dérange chez ce garçon, peut-être que je me trompe, je ne l'ai vu que deux minutes.

— Eh bien oui, vous vous trompez, et lourdement.

Puis Louis sortit pour aller faire un tour.

Il erra de longues minutes entre les maisons et ne distingua même pas les personnes qui passaient à côté de lui en le saluant.

D'un seul coup, quelqu'un l'attrapa par l'épaule, c'était Emma qui passait par là.

— Louis, que fais-tu ici, tu n'es pas chez toi avec tes parents ?

— Mes « *parents* », je me demande si je ne serais pas mieux seul sans eux.

— Ne dis pas ça, ils ne te veulent que du bien.

— Ah oui, et comment appelles-tu des gens qui se méfient de quelqu'un ici alors qu'il ne peut y avoir de personnes mauvaises ?

— C'est parce qu'ils t'aiment tout simplement.

— Ouais, je ne sais pas.

Puis il reprit sa route, laissant Emma en plan.

D'un seul coup, il arriva devant le puits, il regarda autour de lui, il n'y avait personne.

Il se mit au bord, commença à penser à sa Emma, et il sentit l'envie d'être dans ses bras.

Sans réfléchir, il sauta, durant sa chute il repensa à ce qu'il venait de vivre avec ses parents et au moment de toucher l'eau, c'est à sa mère qu'il pensait.

Il essaya de regarder au dehors du puits, mais ne distingua pas grand-chose, à part le ciel et des branches.

Il remonta l'échelle et fut étonné d'une chose, en arrivant en haut, il se retrouva tout sec.

Il sortit la tête en dehors du puits, tout était pareil, les mêmes arbres, les mêmes maisons, tout pareil.

Peut-être que Wail avait raison et il ne pourrait utiliser le passage qu'après son départ et pas avant.

Il sortit complètement du puits et se dirigea vers sa maison quand il entendit :

— Il est trop tôt pour toi.

Il se retourna et il vit que Wail était là.

— Je sais.

— Alors, pourquoi avoir sauté ?

— Pour voir, pour vérifier peut-être.

— Donc tu ne me crois pas.

— Si, mais je suis perdu dans ma tête et je ne sais pas pourquoi j'ai fait ça.

— Tu ne sais pas pourquoi tu as sauté ?

— Il faut croire.

— Et qu'est-ce qu'il t'arrive ?

— Ce n'est rien, ce sont mes parents.

— Et qu'est-ce qu'ils ont ?

— Ils ne te font pas confiance, comment leur dire qu'il n'y a aucun souci à se faire.

— Tu trouveras les mots, il faut avoir confiance en toi et c'est tout.

— Je sais.

— Mais si tu veux, je peux venir avec toi pour les voir, je vais essayer de les rassurer.

— Pourquoi pas ?

— Est-ce que toi tu aimerais que je vienne pour discuter avec eux ?

— Oui, si cela peut faire en sorte qu'ils prennent confiance en toi.

— Ce sera mieux qu'à table avec plein de monde à côté qui peut entendre.

— Oui, tu as raison, ça sera peut-être mieux comme ça.

— Alors, viens, on y va.

Ils partirent tous les deux en direction de la maison des parents de Louis.

— Je suis parti depuis un petit bout de temps et je ne sais même pas quelle heure il est.

— À vue de nez, il doit être environ 16 h 30.

— OK donc ils sont en train de jardiner.

— Oui, je pense.

Puis ils continuèrent leur route et ils arrivèrent devant la maison.

— Il n'y a personne dans le jardin, dit Wail.

— Ils doivent cuisiner alors.

Ils rentrèrent dans la maison et Louis appela :

— Il y a quelqu'un ?

— Oui, on est en cuisine, dit sa mère.

— Madame/Monsieur bonjour, dit Wail en entrant.

Ses parents s'arrêtèrent de cuisiner, se regardèrent et répondirent en chœur :

— Bonjour.

S'ensuivit une longue période de silence.

— Wail a besoin de vous parler.

— D'accord, dit sa mère.

— Pourquoi, dit son père ?

Et Louis enchérit :

— Que vous arrêtiez de vous faire des films sur lui et vous rendre compte de qui il est.

— Mais personne n'a de problème avec Wail, dit son père, qui a dit ça.

— Te moque pas de moi, tout à l'heure tu parlais de mener ton enquête pour en connaître plus sur lui ?

— Mais je n'ai pas de problème avec Wail, c'est juste que j'aimerais savoir qui il est.

— Dans ce cas-là, tu vas le voir et tu discutes avec lui, tu ne mènes aucune enquête pour en savoir plus.

— J'aurais aimé mener une « enquête » comme tu dis avant d'aller lui parler pour en savoir plus.

— Et c'est la raison de ma visite, dit Wail.

— Est-ce que vous pouvez nous laisser finir de couper les carottes et on en discute au salon ?

— Je vous en prie, mais avant est-ce que je peux vous aider à faire quelque chose ?

— Volontiers, tu peux couper les concombres.

Puis Wail prit un couteau pour éplucher et couper un concombre pendant que les parents de Louis coupèrent des carottes alors que Louis coupa aussi un concombre.

Une fois terminé, Anne servit des verres d'eau et ils allèrent s'installer dans le salon.

— Alors, si je suis ici aujourd'hui c'est pour tout vous dire, commença Wail.

— Quoi, tu vas tout leur dire ?

— Oui.

— Tu es certain ?

— Eh oui t'inquiète, alors pour commencer, je ne m'appelle pas Wail, mais Thomas et j'étais fâché avec ma famille depuis mes 18 ans, 18 années dans ma vraie vie. Je suis mort en 1916 à l'âge de 48 ans, cela fait 99 ans que je vis ici et donc je vais repartir très prochainement. Quand je suis arrivé ici, je ne voulais pas que ma famille me retrouve alors j'ai dû partir très loin d'eux et j'ai changé de nom.

— Mais c'est dommage, dit la mère de Louis.

— Attends, tu ne sais pas tout, j'étais brouillé avec eux à cause d'une vulgaire histoire de femme, la mienne. Ma femme de l'époque était énormément pour moi et elle ne s'entendait pas avec mon père, ils se disputaient continuellement et du coup j'avais déjà coupé les ponts avec mes parents. Je ne les voyais plus malgré toutes les fois où ils ont essayé d'entrer en contact avec moi, je croyais tout ce que ma femme me disait et cela même jusqu'à ma mort.

— C'est dommage, dit la mère de Louis.

— Oui et quand je suis arrivé ici mes parents étaient déjà là depuis un bout de temps et lorsqu'ils sont partis, quelqu'un est venu m'apporter un message d'eux. Mon père m'expliquait que tout ce que je croyais n'était pas vrai et dans ce courrier, il me racontait tout.

— Et alors ? demanda le père de Louis.

— J'avais totalement tout faux, ma femme m'avait menti sur toute la ligne…

Louis comprenait où il voulait en venir, alors il lui demanda :

— Tu aurais aimé faire quoi si tu avais été au courant ?

— Parler avec mes parents, et je me suis dit que j'aurais dû ravaler ma fierté et aller les voir.

— Je commence à comprendre, dit la mère de Louis, en fait tu veux me faire comprendre d'aller voir mon père pour lui parler ? Est-ce que c'est bien cela ?

— Hein, non, moi je n'ai rien dit, comprends ce que tu veux comprendre, à toi de voir.

— Mais que ce soit toi ou Louis, ou n'importe qui ici, vous ne pouvez pas imaginer tout le mal qu'il m'a fait.

— Et toi, dit Wail, tu n'imagines pas tout le mal qu'il s'est fait à lui-même.

— Mais je ne peux pas, il a fait tellement de mal à moi, mais surtout à ma mère.

— À toi de voir, sur ce, je vais vous laisser, je dois aller manger avec des amis et c'est assez loin d'ici alors, passez une bonne soirée et à bientôt.

Ils répondirent en chœur :

— Bonne soirée.

Puis il partit et laissa Louis seul avec ses parents qui se regardaient et leur dit :

— Désolé, je ne savais pas où il voulait en venir, je ne savais même pas qu'il était au courant.

Mais sa mère ne dit pas un mot et son père ajouta :

— Allez si on allait manger, après tout le monde va être déjà arrivé.

Puis ils partirent avec comme d'habitude tout le nécessaire pour manger, table, chaises et ce qu'ils avaient préparé plus tôt.

Le repas se passa bien malgré tout et après avoir rangé et fait la vaisselle, ils allèrent se coucher.

10
Mise au point

Le lendemain matin, tous se levèrent et malgré ce qu'il s'était passé la veille, la mère de Louis arriva dans le salon avec le sourire et demanda :

— Bonjour vous, comment c'est passé la nuit ?

— Très bien, répondit son mari.

— Et toi, Louis.

— Comme d'habitude, je me suis réveillé en sueur.

— Ce n'est pas normal, Wail ne t'a pas dit la raison ?

— Non, il ne sait pas.

— Et il ne t'a pas dit qui pouvait te le dire ?

— Malheureusement non.

— Désolé pour toi et sinon ça intéresse quelqu'un un peu de yoga ce matin ?

— Moi, dit Louis.

— Moi aussi, répondit son père.

Ils partirent tous les trois pour une séance de yoga au milieu des bois, au moment de repartir, la mère de Louis dit à son fils :

— Je crois que je vais venir chez Stéphanie pour voir Gilbert et discuter ?

Louis se retourna, un large sourire sur le visage, et dit :

— C'est vrai, tu veux bien discuter avec lui.

— Oui, je vais lui demander d'arrêter de traîner dans le coin, d'aller plus loin pour que l'on arrête de me demander de discuter.

— Non, écoute-le s'il te plaît.

— Terminé, je n'ai rien à ajouter !

— Mais je…

— STOP !

Ils rentrèrent un peu avant de partir pour leur moment détente et là, dans le salon de leur maison, personne ne revint sur cette histoire avec Gilbert.

Puis vint le temps de partir et là sa mère n'avait pas changé d'avis, elle resta à côté de son fils et prit la direction de chez Stéphanie.

En arrivant, Louis fut étonné de ne pas voir Gilbert parmi les convives qui étaient déjà présents.

Lui et sa mère dirent bonjour à tout le monde et il demanda à Camille.

— Gilbert n'est pas encore là ?

— Non, moi aussi cela m'étonne, lui qui est toujours le premier arrivé.

— Peut-être qu'il ne va pas tarder ?

— Je ne sais pas.

Louis se retourna vers sa mère et lui demanda :

— Désolé, mais Gilbert n'est pas là, qu'est-ce que tu fais, tu restes ou tu pars ?

— Je vais aller chez Léa, je reviendrai demain, mais ne t'inquiètes pas, j'aurais ma discussion.

— Comme tu veux.

Anne sortit de la maison pour retrouver la tante Léa.

Cinq minutes plus tard, Gilbert arriva chez Stéphanie, dit bonjour à tout le monde, termina par Louis et il lui demanda :

— Pourquoi ta mère était là ?

— Tu l'as vue, mais t'étais où ?

— Je suis arrivé en même temps que vous, quand j'ai vu ta mère, j'ai attendu qu'elle reparte et quelques minutes de plus avant de rentrer.

— Pourquoi avoir pris peur ?

— Je ne sais pas, peut-être de ce qu'elle va me dire, as-tu une idée de ce qu'elle me veut ?

— Oui, elle veut que tu ne restes pas à proximité de chez elle pour que l'on arrête de la forcer à te parler.

— Mais je ne force personne, moi, je te ferais dire que je suis là depuis plus longtemps qu'elle, je fais de la musique bien avant son arrivée et c'est ma famille qui habite ici.

— Oui, mais je ne suis pas certain qu'elle l'entende de la même oreille.

— OK, elle verra bien.

S'ensuivit une bonne heure de musique enflammée où chacun prit plaisir à jouer.

Juste avant de terminer, le rideau, qu'ils avaient mis pour tamiser la pièce où ils jouaient, s'ouvrit et Anne fit irruption, tout le monde s'arrêta d'un coup, elle dit :

— Ne vous arrêtez pas, continuez.

Ils reprirent la fin de la chanson, mais tout le monde se regardait en se demandant s'il fallait continuer ou poser les instruments et partir en courant.

Une fois terminé, Anne se mit à applaudir et lança :

— Encore, j'en veux encore moi, une petite dernière ?

— Et tu veux quoi ? demanda Louis.

— Écoute, étant née en 1974, je me souviens de mes 17-18 ans où j'écoutais en boucle la même chanson. Smells like teen spirit, quelqu'un connaît et est-ce que vous pouvez la jouer ?

Louis lança à Gilbert :

— Tiens, Gilbert, ce n'est pas ta préférée ?

— Si c'est bien le cas.

— Alors, pas de souci pour moi, et vous ?

Tout le monde approuva, ils commencèrent à jouer et Anne paraissait joyeuse.

Une fois la chanson terminée, Louis demanda :

— Une petite dernière pour finir en beauté ?

— Oui quoi ? questionna Hugo.

— Qu'est-ce que vous dites d'un Jackson pour finir, Billie jean ou smooth criminal ?

— Oh oui, un petit smooth criminal lança en chœur Camille et Hugo.

Ils partirent dans une folle interprétation où tout le monde prit un plaisir fou à jouer.

À la fin de la chanson, ils posèrent leurs instruments et se saluèrent.

Tout le monde commença à partir mis à part Louis, Anne, Camille, Hugo, Stéphanie et Gilbert et c'est à ce moment-là qu'Anne lança en direction de Gilbert :

— Est-ce que je peux te voir dehors ?

— Si tu veux, viens.

Au moment de sortir de la pièce, il dit à Anne :

— Après vous madame.

— Merci.

Ils sortirent tous les deux, ils marchèrent entre les maisons et Anne dit :

— Bon, je ne vais pas passer par quatre chemins, si je voulais te parler, c'est pour te demander de partir d'ici !

— Pourquoi tu me demandes cela ?

— J'en ai assez que tout le monde me demande de te parler ou que tu as à me parler !

— Mais je n'ai rien demandé, même si tout cela est vrai !

— Te rends-tu compte du mal que tu as fait à ma mère et à toute ma famille ?

— Oui, j'ai payé pour toute cette histoire, mais je te ferais dire que je ne connaissais même pas ton existence.

— Non, je ne veux rien savoir, je te demande juste de partir d'ici !

— Mais attends, je suis là bien avant ton arrivée.

— Et tu crois que cela te donne le droit de rester ici.

— Mais je te ferais dire qu'ici ce n'est que MA famille et je suis là depuis bien plus longtemps que toi !

— Peut-être, mais tu es là depuis quand ?

— Je suis là depuis 32 ans, je suis donc mort en 1984.

— Et moi en 2009 donc je suis là depuis…

— 7 ans, tu es arrivée le 29 août 2009.

— Oui, c'est vrai, tu étais là, et est-ce que tu sais pourquoi il n'y a personne de ma famille ?

— Si, il y a moi.

— De MA famille, toi tu n'es pas MA famille.

— OK, tes grands-parents ne sont plus là depuis longtemps et après je ne sais pas si tu avais d'autres membres de ta famille.

— Non, maman était fille unique et elle ne m'a jamais parlé d'oncles ou de tantes à elle.

— Voilà pourquoi tu n'as pas de famille ici et pourquoi tu es arrivée dans ma famille et ton mari, il n'a pas de famille ?

— Mon mari est né sous X, a été baladé entre plusieurs foyers avant de me rencontrer.

— Tout s'explique, donc voilà pourquoi tu es arrivé près de MA famille.

— Je n'aurais pas préféré.

— Ne dis pas ça, si tu voulais bien essayer de comprendre ce qu'il s'est passé.

— Non, je n'ai pas envie, et d'ailleurs je vais te laisser là, je rentre chez moi.

— Si tu veux, à tout à l'heure, on se voit à table.

— C'est pareil, je ne préfère pas.

— Même si cela me fait mal au cœur ce que tu dis, je vais te souhaiter une bonne journée.

— Oui salut.

Elle repartit en direction de sa maison et lui vers chez Stéphanie.

En arrivant, tout le monde avait repris les instruments, ils arrêtèrent de faire de la musique pour le regarder et alors il leur dit :

— Je peux finir avec vous ou non ?

— Si tu veux, dit Louis, ton instrument t'attend.

Ils se mirent à jouer comme si de rien n'était.

Après avoir tout rangé, Gilbert en profita pour demander à Louis :

— Peux-tu me retrouver dehors, s'il te plaît ?

— Bien sûr.

Et ils sortirent tous les deux pour discuter :

— Alors, elle t'a dit quoi ?

— Que je devais partir d'ici.

— Et tu as répondu ?

— J'ai réussi à lui dire deux ou trois trucs comme l'année de ma mort, peut-être qu'elle va comprendre que je suis décédé alors qu'elle était encore jeune et donc que je n'ai pas pu essayer de la rencontrer avant.

— Pourquoi, tu es mort à quel âge ?

— 61 ans, mais le problème c'est justement ce que je voudrais lui expliquer, j'ai appris son existence en 1982 lors de sa majorité et je suis décédé en 1984.

— Et tu es mort comment ?

— Je ne sais pas, en fait c'est compliqué.

— C'est compliqué ou tu ne sais pas ?

— On va dire que c'est compliqué.

— OK et comment as-tu appris son existence ?

— En 1982 comme je t'ai dit, j'ai reçu un coup de téléphone d'une personne qui m'apprenait que j'avais une autre fille d'une précédente union. Je n'ai jamais su qui était la personne qui m'avait téléphonée, mais après coup je me suis dit que c'était elle, ma fille que j'ai eue au téléphone.

— Quelle réaction as-tu eue au téléphone ?

— Je lui ai dit que cela n'était pas vrai et que je ne connaissais pas de Marie, sa mère, et après coup j'ai eu beaucoup de remords.

— Et tu as fait quoi ?

— J'ai cherché pendant environ un an la trace de celle que j'ai aimée plus que tout et que j'avais abandonnée, avec une fille apparemment.

— Et tu n'as pas retrouvé sa trace ?

— Si au bout de plus d'un an de recherche j'ai réussi à retrouver la trace de ses « parents ».

— Et tu les as appelés ?

— Oui bien sûr que je les ai contactés et la femme que j'ai eue au téléphone m'a demandé mes coordonnées.

— Et il n'y a pas eu de suite ?

— Non malheureusement.

— C'est dommage, après toute cette recherche.

— Oui, je sais.

— Bon, on va peut-être y aller, non ?

— Oui d'accord, à tout à l'heure.

— OK, à tout à l'heure.

Alors ils rentrèrent chacun dans leurs maisons où Louis retrouva ses parents.

Suite à cela, l'heure était venue de se laver, de préparer à manger, d'installer la table et de retrouver tout le monde dehors.

Pendant le repas, Louis remarqua à deux ou trois reprises qu'Anne et Gilbert se jetaient des regards doux et tendres de son côté à lui, alors que c'était rempli de mépris et de dégoût pour elle.

Une fois le repas fini et que tout le monde était rentré chez soi, Louis lança à sa mère :

— Tu as vu, maman, que Gilbert te regardait avec un air triste, on aurait dit un petit garçon qui a fait une bêtise.

— Oui j'ai vu, mais je n'en ai rien à faire !

— Je pense que…

— FIN DE LA DISCUSSION, bonne nuit !

Et elle monta au lit.

— À demain chérie, lui répondit son mari.

Suite à cela, Louis et son père discutèrent avant d'aller se coucher à leurs tours.

11
Balade masculine

Le lendemain matin, personne ne revint sur ce qu'il s'était passé la veille.

— Bonjour mes hommes.

— Bonjour Mam, comment ça va vous deux ?

— Bonjour mon fils, répondit son père, ça va très bien merci et toi comment tu vas ?

— Écoute, on fait avec. Vous faites quoi après ?

— Yoga lui dit sa mère, et toi ?

— Je vais faire une petite promenade avec Hugo, je ne sais pas où, mais on verra.

— OK, c'est cool une petite balade.

— C'est clair, je dois le rejoindre tout de suite, à tout à l'heure, bon yoga et bisous à vous deux.

— Bisous, lui dirent ses parents en chœur.

Il partit retrouver Hugo pendant que ses parents devaient partir pour une séance de yoga.

Louis retrouva Hugo pour faire cette balade.

— Salut Hugo, comment ça va ?

— Très bien et toi ?

— Écoute, ça va pas mal, on y va direct ?

— Ben oui sans soucis, tu sais où aller ?

— Non du tout, mais on va le faire au feeling et on verra bien où cela nous mène.

Et ils partirent directement au travers des maisons quand tout à coup ils croisèrent le chemin de Gilbert.

— Salut, comment ça va ? demanda Louis.

— Écoute, depuis hier soir que j'ai vu ta mère, je ne sais pas, mais je ne suis pas dans mon assiette.

— Tu m'étonnes avec le vent qu'elle t'a mis, il y a de quoi avoir la tête dans les chaussettes.

— Oui, je ne te le fais pas dire.

— Mais ce n'est pas grave, ne t'inquiète pas.

— Si, et c'est pourquoi je me demande si je ne vais pas suivre ce qu'a dit ta mère et chercher une autre maison.

— Mais non, pourquoi tu dis ça ?

— Tu sais qu'elle n'a pas tort, et je sens bien que je lui fais du mal à rester ici.

— Mais non, ne dis pas ça, elle va finir par comprendre et se rendre compte que tu lui veux que du bien et pas autre chose.

— À vrai dire, tu sais que je préfère souffrir moi plutôt que de lui faire du mal, je pense que j'en ai déjà fait à elle, mais aussi à sa mère.

— Il ne faut pas dire des choses pareilles, tu peux me croire je vais essayer de lui faire ouvrir les yeux.

— Peut-être, mais je n'y crois pas trop.

— Dis pas ça, tu verras bien.

— J'aimerais te croire, je vous laisse je dois retrouver Camille pour voir une musique que l'on veut jouer.

— C'est ça, nous on fait une balade, au calme.

— OK, dit Gilbert.

— D'accord, à tout à l'heure, enchérit Hugo.

Après cette promenade, ils retrouvèrent tout le monde pour faire de la musique.

Ensuite, Louis retrouva ses parents pour aller à la douche, une fois celle-ci terminée, il dit :

— Bon les parents, on va chercher des légumes ?

— Oui, répondit sa mère, et des fruits.

— Oui, bien sûr.

Suite à cela, ils préparèrent à manger et retrouvèrent tout le monde pour dîner.

Tout le monde, oui, sauf que Louis remarqua qu'il manquait quelqu'un… Gilbert.

— Hugo, il est où Gilbert ?

— Désolé, mais je ne l'ai pas vu.

— Il est où encore ? Camille, t'as vu Gilbert ?

— Non désolé, je ne l'ai pas vu.

— J'espère qu'il ne lui est rien arrivé.

La soirée se passa comme toutes celles d'avant dans la joie et la bonne humeur.

Après le repas terminé, tout le monde se mit à débarrasser et à ranger.

Une fois rentrés chez eux, après la vaisselle, ils discutèrent ensemble en attendant l'heure de se coucher.

12
Retrouvailles amicales

Le matin avant l'heure de se réveiller, Louis s'était encore une fois retrouvé en sueur.

Il sortit de sa chambre, regarda l'heure, moins de huit heures, Louis se dit qu'il voulait aller vérifier un truc.

Il partit en courant au travers des maisons et des arbres et il se retrouva au bord du puits et là il se souvint ce qu'il s'était passé la dernière fois, il voulait penser très fort à Carla, mais en sautant, au moment de toucher l'eau il avait entraperçu le visage de sa mère.

Et si c'est pour cette raison qu'il était resté au même endroit au lieu de se retrouver auprès de sa douce.

Il se retrouva comme un idiot avec la peur de revoir celle qu'il aime plus que n'importe quoi.

Il prit son courage à deux mains, respira un grand coup, il cria le nom de sa belle.

Il sauta.

Il était bien entendu dans l'eau, mais il remonta le long de l'échelle quand il remarqua qu'au-dessus de lui, il n'y avait plus d'arbre.

Il sortit du puits et fut stupéfait de remarquer qu'il était entouré de bâtiments.

Il reconnut tout de suite où il se trouvait.

L'un d'eux était une église, quant à l'autre il sortit dans la rue et vu sur la devanture « *Oakland international* academy », il arriva au coin de la rue et vit Florian street, il n'avait plus de doute, c'était une école, quant à l'église à côté ça devait être Saint-Florian, il avait réussi, il était revenu chez lui, dans sa bonne ville de Detroit.

Il savait où il se trouvait et qu'il en avait pour un peu moins de dix minutes de voiture et donc à peu plus d'une heure de marche de chez lui.

Mais pourquoi était-il si loin de son domicile ?

Il commença par descendre Holbrook avenue avant de tourner sur Woodward avenue. Quand tout à coup il se souvint qu'il connaissait cet endroit pour y avoir déposé Carla plusieurs fois, et si elle était là ?

Non loin de là se trouvait la rue où vivait sa meilleure amie et il se dit que s'il était là ce n'était pas par hasard.

Il se mit à arpenter la rue pour retrouver cette maison où il avait l'habitude de déposer ou venir la rechercher, mais que c'était aussi plus facile d'y arriver en voiture.

Il réussit à trouver la maison.

Mais que faire maintenant ?

Il ne savait pas du tout quelle heure il pouvait être, s'il était parti de son paradis à huit heures, il n'y avait pas plus de trente minutes de passées.

Il prit son courage à deux mains et frappa à la porte.

Quelqu'un l'ouvrit et il reconnut la meilleure amie de « SA » Carla, cette fille qui avait ouvert la porte était plutôt grande avec les cheveux frisés et roux.

Il se souvint également qu'il n'avait pas le même visage, mais il ne savait pas quoi dire.

— Bonjour Madame, je suis à la recherche d'une fille qui s'appelle Carla Martin, j'ai un message à lui faire passer.

— Bonjour, et de qui ?

— Un très vieil ami de Louis.

— Mais là, elle est en train de dormir.

— Et à quelle heure elle a cours ?

— Vous savez les courts, elle n'y va plus.

— Hein ? Et pourquoi cela ?

— Je ne devrais pas vous le dire, mais voilà elle a perdu l'amour de sa vie dans un terrible accident et depuis elle a du mal à remonter la pente.

— Mais pourquoi, elle était très forte et je trouve ça dommage de tout gâcher à cause de cette histoire, aussi dramatique soit-elle.

— Je sais bien et c'est pour cela qu'elle vit ici, là-bas tout lui rappelle son homme.

— C'est vrai qu'elle avait beaucoup partagé avec Louis.

— LOUIS ? Et vous savez comment il s'appelait ?

— Ah, euh, c'est une longue histoire, mais j'ai énormément besoin de lui passer un message, est-ce que vous pouvez me dire quand pourrais-je la voir ?

— Écoutez, il va être neuf heures, revenez sur les coups de dix heures c'est à peu près son heure où elle émerge.

— OK très bien je vais aller rendre visite à de vieux amis et je serais là pour dix heures, merci.

— Si votre message peut la faire sortir de son état, elle ne fait que pleurer toutes les larmes de son corps.

— Je le souhaite également.

Il fit demi-tour et repartit en direction de l'hôpital Henry Ford qui se trouvait à côté.

Arrivé devant, il poussa la porte d'entrée et se retrouva face à son chef.

Il lança un : « Gilles », qui lui était sorti du cœur.

— Monsieur, lâcha-t-il d'un air surpris, on se connaît ?

— Vous non, mais moi oui, j'ai énormément entendu parler de vous.

— Et par qui ?

— Louis n'arrêtait pas de dire du bien de vous et que vous lui aviez appris énormément les choses de la vie.

— Ravis de la savoir, c'est une très grande tristesse ce qu'il s'est passé ce jour-là.

— Oui, je pense que pour Nicolas ça n'a pas été facile.

— Lui, il a quitté son poste du jour au lendemain et il ne travaille plus ici depuis.

— Je vous remercie de l'information que vous m'avez donnée et je ne vous retiens pas plus longtemps.

— Avec plaisir, mais dites-moi j'ai l'impression que l'on se connaît et que je vous ai déjà vu quelque part.

— Oui, on s'est vu il y a un mois à la soirée commémorative pour la nouvelle concession automobile.

— Ah oui, peut-être, mais c'est vrai que ce soir-là je n'étais pas très clair.

— J'étais dans les cinq personnes à vous porter pour remonter jusqu'à votre chambre.

— Oui peut-être, c'est certainement ça, super soirée.

— Je ne vous le fais pas dire, en tout cas, je vous souhaite une bonne journée.

— Bonne journée.

Louis repartit en direction de la maison de Nicolas.

Une fois arrivé devant, il ne chercha pas et alla directement sonner chez lui.

Son collègue ouvrit la porte, il était habillé dans un vieux survêtement tout sale.

Il regarda Louis et il lâcha un étonnant :

— LOUIS, c'est toi ?

— Bonjour monsieur, je ne comprends pas ce que vous voulez dire ?

— Ouah, vous avez les mêmes yeux et son sourire en coin aussi.

— Désolé, mais non, je suis justement ici pour vous parler de lui et de cette histoire de Ford mustang bleue.

— Comment savez-vous pour cette histoire de Ford mustang, personne n'en a parlé ?

— Ah, je ne sais pas où j'ai vu ça, mais je l'ai entendu.

— Peut-être, mais c'est fou comment vous lui ressemblez comme deux gouttes d'eau, pas tant physiquement, mais dans les mimiques et la voie.

— Non malheureusement, je voulais voir celui de qui j'ai entendu énormément de bien.

— Merci, voilà, c'est moi, je suis désolé, mais je ne peux pas trop vous faire rentrer chez moi.

— Pas de problèmes, une prochaine fois, pourquoi se laisser aller comme cela ?

Nicolas le regarda en plusieurs fois, il finit par dire :

— Pas trop le moral pour le moment, mais ça va de mieux en mieux par rapport au départ de cette histoire.

— Très bien, j'espère que l'on se reverra.

— Je ne sais pas, à voir.

— OK, je vous laisse, une très bonne journée.

— À vous aussi, merci.

Puis il repartit chez la meilleure amie de sa femme.

Arrivé devant, la porte s'ouvrit et elle sortit.

— Rebonjour.

— Re.

— Carla est là, elle est debout, mais elle ne veut parler à personne et encore moins de Louis.

— Je dois la voir pour lui dire des choses qu'elle a besoin de savoir.

— Je pense qu'il va lui falloir du temps, c'est encore trop récent cette histoire.

— Très bien je reviendrais plus tard alors, mais je me dis que je ne me souviens plus de votre prénom ?

— Pourquoi vous l'avez su ?

— Oui, c'est Louis qui m'en a parlé.

— Margaret.

— Ah oui, et comment vit-elle la mort de Louis ?

— Mais il n'est pas mort, vous ne le savez pas, est-ce que vous allez le voir ?

— LE VOIR ?

— Oui, à l'hôpital !

— À L'hôpital ?

— Oui, il est dans le coma depuis l'accident.

— C'est pour cela que vous avez dit qu'elle n'allait pas souvent à l'hôpital alors.

— Oui, c'est pour cela.

— Je ne savais pas qu'il était dans le coma ?!

— Eh oui, depuis l'accident, il est dans le coma, mais les médecins ne savent pas s'il va se réveiller un jour, il a été très abîmé suite à cet accident.

— Je ne savais pas, dans quel hôpital est-il ?

— Bien sûr Henry Ford.

— Suivi par le docteur Diassama ou le Kutelhamid ?

— Non, c'est un nouveau, le docteur Dioubuku.

— Ah je ne connais pas, pouvez-vous me dire quelle heure est-il ?

— 11 h 50.

— Faut que j'y aille pour le voir alors, est-ce que j'ai le droit d'y aller ou non ?

— Je ne sais pas, normalement c'est juste la famille, il faut voir, mais maintenant désolé, je dois aller faire les courses.

— D'accord, je reviendrais un autre jour, il faut que j'aille travailler aussi.

Il fit demi-tour et reprit le chemin de l'église.

Une fois arrivé, il retrouva le puits exactement à l'endroit où il l'avait laissé.

Il sauta, sortit la tête de l'eau et regarda direct le ciel. Il fut ravi de voir des arbres.

Était-il revenu ?

Il monta le long de l'échelle, sortit du puits totalement sec, il se trouvait dans sa forêt.

Il arriva devant la maison de ses parents, rentra et ne vit personne, du coup il regarda l'heure qu'il était et fût stupéfait, huit heures seulement.

Comment se faisait-il que tout le temps passé sur terre n'ait pas eu d'impact sur celui d'ici ?

Il décida de retourner dans son lit.

Il entendit ses parents se lever et se leva à son tour.

— Bonjour mes parents.

— Bonjour mon ange, lui dit sa mère.

— Bonjour mon fils, répondit son père.

— Bien dormi ? demanda Louis.

— Oui super, et toi ?

— Oui, ça va.

— Tu en as l'air en tout cas, dit sa mère, qu'est-ce que vous faites après ?

— Je vais aller voir Wail tout de suite, et vous ?

— Comme tous les jours.

— Très bien dans ce cas, j'y vais, alors à tout à l'heure.

— À toute.

Louis sortit et partit en direction de chez Wail, arrivé devant sa maison, il le vit dans son jardin.

— Bonjour Wail.

— Salut Louis, que veux-tu ?

— J'y ai été et je suis passé.

— Hein, où, dans quoi ?

— Le puits j'ai sauté et je me suis retrouvé chez moi.

— Chez toi ?

— Oui à Detroit.

— Hein, quoi, tu es passé, mais ce n'est pas normal d'être arrivé chez toi ?

— Oui et j'ai vu des personnes que je connaissais.

— Et ils t'ont reconnu ?

— Non, comme tu m'as dit, j'avais changé de visage.

— Et tu as appris des choses ?

— Oui, mais avant j'ai une question, comment se fait-il qu'après tout le temps que j'ai passé là-bas, une fois que je suis rentré, l'heure n'avait pas bougé ici ?

— Oui, c'est une chose que je ne t'avais pas dite, le temps là-bas n'impacte pas le temps ici.

— Ah d'accord, mais c'est plutôt pas mal ça.

— Et qui as-tu vu ?

— Mon chef, mon ancien collègue et la meilleure amie de ma chérie.

— Mais c'est cool ça.

— Mais ce n'est pas tout, j'ai appris que je n'étais pas mort sur terre, je suis dans le coma.

— Quoi ? C'est pour ça que personne n'était au courant de ta venue, et que tu ne devrais pas être là.

— Oui, mais je suis là, lui dit Louis.

— Oui et tu imagines si tout le monde dans le coma se retrouvait ici ?

— Je sais bien, mais je te dis ce qu'il en est.

— Je ne comprends pas, c'est la première fois que je vois un truc comme ça.

— Écoute, ce n'est pas grave, c'est tout, je vais retourner voir mes parents alors.

— OK, passe une bonne journée et salue à tes parents.

— Très bien, bonne journée.

Il retrouva ses parents et demanda :

— Je peux me joindre à vous ?

— Si tu veux, avec plaisir.

— Et vous avez le bonjour de Wail.

— Très bien, tu lui repasseras en retour.

Il s'installa avec ses parents, puis ils décidèrent de partir vers leur moment de détente.

Sa mère à la broderie et quant aux garçons à la choule, mais cette fois avec une petite différence, ils avaient pris une crosse comme au hockey.

Suite à une partie effrénée, ils rentrèrent à la maison pour retrouver Anne.

Après la douche et la cueillette journalière, ils retrouvèrent tout le monde pour une soirée de rigolade et de bonne entente.

Tous aidèrent au rangement des tables et des chaises, Louis se retrouva en compagnie de ses parents chez eux.

Après la vaisselle, il dit :

— C'était une bonne soirée, j'ai bien rigolé avec Emma.

— On a vu ça, mon chéri, sur ce je vous dis à demain, dit sa mère.

Et elle monta se coucher, suivie de près par les hommes de la maison.

13
Journée calme

Réveil matinal pour Louis, il entendit ses parents. Alors, il se décida de se lever.

Arrivé en bas, il les retrouva, après avoir dit bonjour ils discutèrent jusqu'au moment de détente, broderie, choule et musique comme souvent.

À leurs retours, chacun alla à tour de rôle pour prendre la douche.

Louis posa la question habituelle de savoir ce qu'ils aimeraient manger.

Ils sortirent pour chercher ce qu'ils voulaient.

Ils installèrent table, chaises, et finalement ramenèrent les fruits et les légumes.

Une fois le repas terminé, après avoir tout rangé et fait un peu de vaisselle, ils se retrouvèrent posés dans les canapés.

Et là sa mère demanda :

— Je n'ai pas vu Gilbert ce soir, c'est normal ?

— Oui, tu as raison maintenant que tu le dis, mais heureux que tu le remarques.

— Oui, je me suis posé la question, c'est tout, mais là je vais dodo, bonne nuit.

— Moi aussi, dit son père

Louis en fit de même.

14
Interrogation

Le lendemain au réveil après les salutations, Louis attaqua directement sa mère par un :

— Mam, tu ne t'es jamais demandé pourquoi Gilbert t'a abandonné ta mère et toi ?

— Ça suffit, on ne revient pas dessus.

— Oui, mais je me suis demandé si…

— ÇA SUFFIT, ON NE REVIENT PAS DESSUS !

— Non mam, c'est juste une simple question que je me pose et seule toi peut-y répondre, ne t'énerve pas.

— JE NE VEUX RIEN SAVOIR SUR CET HOMME, UN POINT C'EST TOUT !

— Oui, calme-toi, je sais qu'il t'a fait du mal et à mémère aussi, mais tu ne t'es jamais demandé pourquoi il avait fait ça ?

— Non et je ne veux pas le savoir !

— Mais pourquoi es-tu ici proche de lui et pas ta mère ?

— Parce que ma mère n'est peut-être pas morte !

— Tu ne veux pas l'entendre pour qu'il puisse t'expliquer le pourquoi du comment ?

— Non un point c'est tout !

— C'est dommage, je pense que tu irais beaucoup mieux après ça et lui aussi. Sur ce, on fait quoi ? Yoga, balade, ou on reste là ?

— Moi je vais aller me balader pour chercher de l'eau !

— Très bien, et toi papa ?

— Je reste là tranquillement.

— Ça te dérange si je t'accompagne ?

— M'accompagner à rester ici pour rien faire ?

— Bah oui.

— Oh non, du tout, avec plaisir.

— Très bien je vous laisse, bye mes hommes.

— Mam, réfléchis à ce que je t'ai dit.

Et sa mère sortie sans se retourner.

— Papa, un petit verre d'eau ?

— Avec plaisir, mon fils.

Et ils restèrent là à discuter de la musique de Louis, de belles parties que faisait son père quand d'un seul coup son père demanda :

— Et tu la connais son histoire à Gilbert ?

— Oui, il m'a tout raconté.

— Et c'est quoi ?

— Tu veux vraiment que je te le dise ?

— Oui, vas-y, tu m'as tellement bien vendu l'intro de l'histoire que je veux savoir ce qu'il se passe ensuite.

— Alors voilà, il a rencontré mémère, ils se sont aimés comme des fous, mais le problème c'est que Gilbert a été promis à une autre femme pour une histoire de terre entre leurs parents.

— Comme cela se faisait beaucoup en ce temps-là.

— Exactement, donc Gilbert arrivé à la date de son mariage forcé a dû laisser mémère seule, mais il ne savait pas qu'elle attendait un enfant.

— Sinon il aurait fait quoi ?

— Sinon je pense qu'il aurait continué à voir mémère et surtout son enfant.

— Peut-être que tu as raison.

— Et une fois qu'il a fait une descendance à cette femme, il a cherché à rentrer en contact avec son premier amour, mais sans succès, et encore plus quand il a appris qu'elle avait eu un enfant de lui en plus.

— C'est trop triste.

— C’est ce que je voudrais faire comprendre à maman, mais elle ne veut rien savoir.

— Je vais essayer de t’appuyer là-dessus.

— Merci à toi.

Et juste à ce moment-là Anne franchit la porte avec une petite mine et lança :

— Salut, les hommes, je prends un verre d’eau et je file. J’ai croisé Léa et elle est déjà partie pour la broderie.

Son père regarda Louis qui comprit tout de suite, il se leva silencieusement et partit vers le jardin en disant :

— Je vais me chercher un truc à grignoter.

Une fois seul avec sa femme, il lui dit :

— Chérie, Louis m’a raconté l’histoire de Gilbert…

— AH NON !

— Non, je ne te dis rien, mais réfléchi, tu pourrais comprendre plein de choses en l’écoutant.

— Je viens d’y réfléchir justement et je me pose beaucoup de questions ?

— Peut-être que lui a les réponses.

— Ouais, bon moi j’y vais.

Elle se leva, embrassa son mari et sortit avant le retour de Louis.

— Alors que vous êtes-vous dit ?

— Elle m’a dit qu’elle se posait plein de questions et je lui ai dit que peut-être que lui avait les réponses.

— Bien joué, et qu’a-t-elle répondu ?

— Ouais…

— Ce n’est pas gagné alors.

— Je crois que non, et tu fais quoi maintenant ?

— Choule avec toi.

— Pas de musique ?

— Non, j’avais prévenu tout le monde qu’aujourd’hui je restais avec mon père.

— Très bien, ça fait plaisir.

Après avoir terminé leurs verres, ils se levèrent et partirent pour une bonne rigolade sur le terrain de choule où tout le monde était déjà présent.

À leur retour, ils trouvèrent Anne seule, posée sur un des canapés, avec le regard dans le vide.

— Chérie, que se passe-t-il ?

Pas de réponse.

— MAM ?

Elle sursauta.

— Hein, oui, quoi ?

— Qu'est-ce qu'il se passe ? demanda Louis.

— Oh rien, je réfléchissais sur un nouveau point qu'a voulu m'apprendre la tante Léa et que je n'y arrive pas.

Louis et son père se regardèrent d'un air perplexe.

— Allez viens chérie, on va s'occuper de tout le nécessaire pour le repas du soir.

Et le reste de la soirée se passa dans un climat spécial avant la vaisselle et qu'on aille tous au lit.

15
La revoir et lui parler

Le matin, Louis retrouva ses parents au réveil.

— Bonjour, comment allez-vous ?

— Très bien, répondit son père.

— Écoute ça va, lui dit sa mère.

— Papa tu fais quoi ce matin, choule et Mam comme d'habitude ?

— Oh oui, on ne va pas changer une équipe qui gagne, dit son père en faisant un clin d'œil à son fils.

— OK, moi musique, moi aussi je ne change pas une…

Et tous se mirent à rire.

Ils restèrent là à discuter jusqu'à midi, heure à laquelle il était temps d'aller à leur moment de détente.

Louis accompagna ses parents puis il partit en direction de la maison de la grande tante Charlotte, mais seulement avant d'arriver chez elle, il fit demi-tour pour partir en direction du puits.

Sans réfléchir, il sauta directement avec la vision de sa chère et tendre.

Une fois arrivé dans l'eau, il remonta et fut surpris de voir qu'il était au même endroit, mais deux rues plus loin.

Il ne chercha pas et se dirigea directement vers la maison de la meilleure amie de sa chérie.

Il resta là en se disant que le temps qui passait ici n'avait aucun impact sur celui pour ses parents.

Il attendit ici jusqu'à ce qu'elle sorte.

Elle sortit de chez elle, juste en face de lui, mais subitement surgit une question, quoi lui dire ?

D'un seul coup un frisson le parcourut.

Mais il prit son courage à deux mains et il avança directement sur elle.

— Bonjour.

Elle était là, elle se retourna et quelque chose le choqua. « Ses yeux », il fût choqué de les voir tout boursouflés.

— Carla ?

— Oui, c'est pour quoi ?

— Bonjour, on m'a dit que je pouvais vous trouver ici, voilà je suis un ancien ami de Louis.

Au seul nom de Louis, Carla ne put retenir ses larmes.

— Désolé, j'ai appris ce qu'il lui était arrivé et je voulais juste savoir où je pouvais le voir ?

— Henry Ford.

— Bien sûr, proche de ses collègues.

— Mais d'où connaissez-vous Louis et comment vous avez dit que vous vous appelez ?

— Oh du collège, et je m'appelle… Gilbert.

— OK très bien, je suis désolé, je dois y aller.

— Oui, travail certainement ?

— Non, je vais le voir à l'hôpital, après l'accident je n'y allais pas, mais depuis la visite d'un de ses amis je me suis dit que ma place était près de lui.

— Oui l'ami c'est moi et vous ne travaillez pas ?

— Non, je faisais des études, mais j'ai laissé tomber.

— C'est dommage.

— Non, il n'y a rien de plus important que la personne que j'aime.

— Oui je suis d'accord avec vous, c'est normal.

— Très bien, je vous laisse en vous souhaitant une bonne journée, et peut-être à bientôt.

— Oui d'accord, à bientôt.

Elle reprit sa route avec son air triste.

Et lui, le chemin en direction du puits

De l'avoir vue et de lui parler, ça lui faisait un bien énorme, mais il fallait se décider à aller faire de la musique, même s'il savait que le temps n'aurait pas bougé quand il serait rentré, il était l'heure pour lui de rentrer.

Une fois devant le puits, il ne chercha pas trop longtemps et il sauta.

Il remonta et ne fut même pas surpris de voir qu'il était rentré près de chez ses parents.

Il arriva chez Charlotte où il n'y avait pas tout le monde d'arrivé, après ça ils firent de la musique.

Ensuite, il retrouva ses parents, ils prirent leurs douches, finirent par préparer de quoi manger.

Ils installèrent tout afin de prendre leur repas.

La soirée se passa dans la bonne entente habituelle.

Louis allait à merveille du fait de l'avoir vue.

Louis se retrouva avec ses parents pour finir la soirée avant d'aller faire un petit dodo.

16
Première approche ratée

Louis se réveilla en sursaut avec la vision de Carla qui le hantait. Elle lui manquait tant et ce n'est pas les deux minutes où il lui avait parlé hier qui allait lui suffire, ses bras, son odeur, c'est ça qui lui manquait le plus. Si bien qu'il sauta du lit et se précipita dehors pour retrouver le puits. Il la voyait, il la sentait, il…

— Bonjour Louis !

C'était Wail, mais que faisait-il ici et à cette heure ?

— Thomas, comment vas-tu ?

— Écoute, ça va plutôt pas mal et toi ?

— Moi aussi, ça va bien merci.

— Et si ça va bien, que fais-tu debout à cette heure-là ?

— Rien, je voulais me promener seule avant que tout le monde ne se lève.

— Louis, pas à moi, où allais-tu comme ça ?

— Me promener, je te dis !

— À d'autres, s'il te plaît.

— Mais…

— Louis, j'ai une question à te poser.

— Vas-y.

— As-tu réutilisé le puits depuis la dernière fois ?

— Euh…

— Et ne me mens pas !

— Oui, une fois.

— Et quand ça ?

— Hier.

— Et tu as vu qui ?

— Carla, je l'ai vue, elle, la femme de ma vie, mon tout !

— Tu n'as plus de vie !

— Je sais bien, mais de la voir c'était… énorme !

— Ne t'amuse pas à ça, tu vas t'attirer des problèmes à discuter avec du monde.

— Je sais bien, mais elle me manque.

— Oui, mais tu vas finir par faire une bêtise, alors évite de lui parler comme ça.

— Oui d'accord.

— OK, on en reste là ?

— On en reste là !

— Cool, alors je continue.

— Et tu vas où ?

— Je vais voir quelqu'un plus loin, on se voit au repas ?

— Tu seras là ?

— Oui, je passe un peu.

— OK, à ce soir.

— À tout à l'heure.

Et Wail continua son chemin sans se retourner alors que Louis ne savait pas quoi faire, devait-il aller la voir ?

Finalement il rebroussa chemin et retourna chez ses parents qui n'étaient pas encore debout.

Il attendit seul dans sa chambre qu'ils se lèvent, mais il pensait à elle, il la voyait, il sentait même son odeur.

Quoi faire ?

Retourner la voir ou pas ?

Il avait besoin d'y aller, de la voir et de lui parler.

Il sauta de son lit à nouveau et repartit en courant en espérant ne pas recroiser Wail, il arriva devant le puits puis sauta directement en pensant à sa chérie.

Il ne fut pas très surpris de se retrouver dans un autre endroit de Detroit, il était tout proche d'Henri Ford, il se dit qu'elle devait se trouver déjà là.

Il arriva près de l'hôpital et elle se trouvait là, devant la porte, mais qu'attendait-elle ? Il se dirigea vers elle.

— Carla ?

— Oui ? … Gilbert, c'est bien ça ?

— Oui exactement. Mais que fais-tu là ?

— Il est 8 h 58 et j'ai une amie qui arrive à 9 heures.

— Très bien je peux attendre avec toi ?

— D'accord, toi ça fait longtemps que tu le connais ?

— Je t'ai dit depuis le collège, on a fait toute notre scolarité ensemble, même quand on a redoublé, on s'est encore retrouvé dans la même classe.

— Ah oui, j'ai déjà entendu parler de toi, mais je croyais que ton prénom était Jules.

— Non, lui c'était un autre camarade à nous.

— Ah d'accord.

— Et qu'est-ce qu'il s'est passé pour Louis, comment en est-il arrivé là ?

— Alors là c'est très long, mais je vais vous faire court…

Le téléphone de Carla sonna, elle décrocha.

— Désolé.

Elle se mit à l'écart.

— Oui ? OK d'accord, à tout à l'heure.

— Un souci ?

— Non, c'était mon amie qui me dit qu'elle est bloquée dans les bouchons, un accident sur la route.

— D'accord, alors on monte ?

— Oui, on sera mieux en haut.

Carla et Louis rentrèrent dans l'hôpital, une fois à l'accueil, l'infirmière lui dit :

— Bonjour Carla, comment ça va depuis hier ?

— Oh très bien, Mia, je te présente Gilbert qui est un vieil ami du collège de Louis.

— Enchanté.

— De même répondit Louis.

Carla dit à Gilbert :

— C'est la personne de l'accueil avec qui j'ai énormément parlé hier, parce qu'elle m'a vue en larmes.

— Pourquoi en larmes ?

— Je n'osais pas monter dans la chambre, et le voir là.

— Et elle t'a aidée ?

— Que oui, grâce à elle je suis entrée pour le voir.

À ce moment-là, ils montèrent en ascenseur en direction du service de réanimation. Une fois devant la chambre N° 31, Carla s'arrêta et dit :

— Désolé, mais je vais entrer seule pour voir s'il n'y a personne et je reviens te dire.

— OK très bien, vas-y.

Elle entra et revint dix secondes plus tard.

— C'est bon, il n'y a personne, tu peux venir.

Il suivit Carla dans la chambre et quand il se vit, il fut pris de frissons de se voir étendu là sur ce lit.

Après s'être installé, Louis reprit :

— Alors, raconte-moi.

— Oui, il se promenait sur Luther et une voiture lui a foncé dessus et l'a percuté.

— C'est vrai ?

— Oui le pire c'est que quand la police s'est rendue sur place, il n'y avait personne au volant de cette voiture et pas la moindre empreinte digitale.

— C'est bizarre tout ça.

— Eh oui, clairement.

Il approcha du lit où il était étendu, il tendit sa main et c'est à ce moment-là que le monitoring s'emballa, la porte s'ouvrit et une batterie d'infirmière rentra.

— Excusez-moi, est-ce que vous pouvez sortir ?

— Tout de suite, répondit Carla.

Ils sortirent de la chambre et Louis dit à Carla :

— Désolé j'y vais, j'ai des choses à faire, je reviendrais.

— OK pas de souci.

— De toute façon, tu viens tous les jours ?

— Oui, tous les jours maintenant.

— Bah alors à plus tard, au revoir Carla.

— À bientôt Gilbert.

Il sortit de l'hôpital et regagna le puits qui n'avait pas bougé, il sauta, remonta et ne fut même pas surpris de voir qu'il était rentré près de chez ses parents.

En arrivant à la maison, ils dormaient encore, alors il monta dans sa chambre et il attendit qu'ils se lèvent.

Cinq à dix minutes plus tard, il entendit ses parents, alors il décida de faire de même.

— Bonjour mes parents.

— Bonjour, dirent-ils.

— Vous faites quoi ce matin ?

— Nous, on va se balader, lui dit sa mère.

— Je peux venir ?

— Oui, pas de problème, bien sûr que tu peux.

— Cool, ça fait plaisir.

Ils restèrent à discuter avant de partir pour la ballade.

Ils partirent entre les maisons, ils passèrent près d'une maison où ils tombèrent nez à nez avec Gilbert.

— Salut Gilbert, comment va, dit Louis ?

— Bonjour, dit son père.

— Bonjour la famille, comment vous allez ?

— Bien, et tu fais quoi de beau, demanda Louis.

— Je vais voir Emma pour une histoire de ballon.

— De ballon ?

— Oui rien de grave, t'inquiète pas.

— On te voit ce soir à table ?

— Oui je vais passer.

Et sa mère lui dit :

— Cool !

Sa réponse resta en suspens et jeta un froid inimaginable avant que Louis reprît par :

— Très bien, à ce soir alors.

Et tous reprirent leur route sans se retourner.

À la fin de cette promenade, sa mère lança :

— Bon les enfants, dit sa mère, je vous laisse, je vais retrouver Léa pour ma séance tricot, j'ai Camille qui m'a demandé un sweat à capuche.

— Très bien à tout à l'heure, et toi papa tu fais quoi ?

— Choule tiens et toi ?

— Musique.

— D'accord alors on y va.

Ils partirent chacun pour leurs moments de détente.

Une fois celle-ci terminée, ils rentrèrent afin de prendre une douche.

Après tout ça ils allèrent pour la cueillette.

Finalement, ils passèrent à table avec toute la famille y compris Gilbert.

Tout se passa bien, ils rangèrent avant d'aller coucher.

17
Anne met de l'eau dans son vin ?

Louis ouvrit les yeux, il ne comprenait pas ce qu'il se passait, il se résolut à se lever, mais un truc le chiffonnait.

Ses parents.

Il n'entendait aucun bruit.

Il arriva en bas, regarda l'heure et fut étonné de voir 10 h 20.

Pourquoi avait-il dormi autant ?

Où étaient ses parents ?

Il sortit… rien… mais où étaient-ils ?

Il rentra dans la maison, attrapa un verre, le problème était qu'il n'y avait pas le seau d'eau, ses parents étaient-ils partis en chercher au puits ?

Il se dit qu'il fallait juste attendre leur retour.

Il attendit là pendant une dizaine de minutes quand la porte s'ouvrit, c'était eux, avec un sceau dans la main.

— Bonjour les parents.

— Oh, bonjour mon ange, comment vas-tu, pourquoi n'étais-tu pas debout, lui dit sa mère.

— Je ne sais pas, mais j'ai dormi comme un bébé, vous étiez où, chercher de l'eau ?

— Eh oui, dit son père.

— J'ai l'impression d'avoir retrouvé quelque chose que j'avais perdu.

— Mais c'est très bien, dit sa mère, et qu'est-ce que tu as pu retrouver comme ça ?

— Je ne sais pas, mais c'est une impression.

— Très bien, si tu vas mieux, ça c'est le plus important.

Ils continuèrent à discuter avant de partir pour leurs moments de détente, sa mère broderie, son père choule et Louis musique, comme d'habitude.

En arrivant chez Charlotte, il y avait tout le monde et prêt pour faire « un bœuf », Louis remarqua que Gilbert était là également.

— Bonjour à tous.

Ils répondirent en chœur :

— Bonjour Louis.

Ils jouèrent pendant un petit bout de temps et au moment où était venue l'heure de rentrer, Louis attrapa Gilbert par la manche et l'invita à sortir pour discuter.

— Oui Louis, qu'y a-t-il ?

— Écoute Gilbert, j'aimerais connaître où habitait ma grand-mère.

— Facile, elle vivait au 1900 et quelque chose d'Ohio street à Chicago, mais il y a de ça plus de 30 ans.

— T'inquiète, je vais voir à ça.

— Et voir à ça où ?

— Ne t'inquiète pas.

Il rentra chez ses parents qui étaient déjà là, quand sa mère lui demanda :

— Louis, tu veux être le preum's à la douche ?

— Ok Mam, j'y vais tout de suite.

Et il partit dans la salle de bain, suivi en fin de compte de son père et enfin de sa mère.

Ensuite ils allèrent dans le jardin pour la cueillette.

Des fruits et légumes, avec deux salades, des concombres, mais aussi des pommes, des pêches et des abricots.

Ils préparèrent les plats pour manger, ils partirent avec, mais aussi la table et les chaises.

Arrivé en compagnie de tout le monde, et à la demande de sa mère, Louis et ses parents s'installèrent non loin de Gilbert qui fut le premier étonné.

Après avoir mangé les crudités et au moment de passer au dessert, Anne scotcha tout le monde quand elle demanda :

— Gilbert, peux-tu me passer les cerises s'il te plaît ?

— Oui, avec plaisir, Anne.

Suite à ses deux phrases, un silence glacial traversa l'assemblée, mais Louis le rompit en demandant à sa mère :

— Mam, je peux les avoir après ?

— Tiens mon fils, je n'en veux qu'une dizaine.

— Merci, ma petite maman.

— De rien.

— Je t'aime.

— Moi aussi, mon fils.

Après ce merveilleux repas, tout le monde rangea et tous retournèrent dans leurs maisons respectives afin de faire la vaisselle et de se coucher.

18
Est-ce un problème de monito

Louis se leva en entendant ses parents, une fois dans le salon, il demanda :

— Bonjour, comment allez-vous ?

— Bonjour Louis, disent ses parents.

— Vous faites quoi ce matin ?

— Moi, yoga, dit sa mère.

— Et moi aussi je vais peut-être me laisser tenter, répondit Jean.

— Alors pour moi ce sera une petite ballade.

Après avoir discuté avec ses parents, Louis parti directement afin de faire sa promenade, il partit d'un pas décidé au travers des maisons pour finalement se retrouver devant le puits.

Il pensa à Carla et sentit son cœur battre plus fort, était-ce le fait de l'avoir vu ou l'envie de lui parler ?

Il ne savait pas !?

Il sauta avec une telle excitation de la revoir…

Il arriva dans l'eau, remonta et fut surpris de voir qu'il était revenu au même endroit que la dernière fois.

Puis il se dit que comme il allait encore à l'hôpital c'était peut-être normal.

Il partit en direction d'Henry Ford, et en arrivant devant elle se trouvait là, toujours aussi belle, il sentit son cœur se serrer, mais il ne voulait pas pleurer devant elle.

Il avança vers elle et avant d'arriver, elle se retourna d'un seul coup comme si quelqu'un l'avait appelé et ils se retrouvèrent les yeux dans les yeux.

— Ah, euh, Gilbert.

— Carla.

— Euh, comment vas-tu ?

— Très bien, et toi ?

— Écoute, ça peut aller.

— Tu attends encore quelqu'un ?

— Non, je prends l'air.

— OK très bien, quoi de neuf depuis la dernière fois ?

— Pas grand-chose ici, et c'est à peu près tout.

— Tu ne fais rien d'autre que d'être ici ?

— Si, je mange je dors, je me lave et c'est tout, mais tu sais comme je t'ai dit, ma place est ici avec lui.

— Ah oui quand même, mais tu dois l'aimer énormément.

— Même pire que ça encore.

— S'il savait la chance qu'il a de t'avoir près de lui.

— Viens on y va ?

— Après toi, les femmes d'abord.

— Merci, c'est galant.

Ils rentrèrent dans le bâtiment, passèrent devant la dame de l'accueil, jusqu'à la porte de la chambre, Gilbert s'arrêta et dit à Carla :

— Vas-y, je t'attends.

— Très bien, merci, je reviens tout de suite.

Elle rentra dans la chambre et ressortit presque aussitôt pour le rechercher.

— C'est bon, tu peux rentrer.

— OK très bien je te suis.

Ils rentrèrent dans la chambre et Gilbert fut une nouvelle triste de se voir là étendue sans vie ou presque, il marqua un temps d'arrêt.

— Gilbert ?

— Oui, pardon, mais ça me choque de le voir là.

— C'est ce que je me dis tous les jours.

— Tous les jours, c'est vrai, c'est chaud quand même tous les jours.

— Eh oui, quand on aime on ne compte pas.

— Correct.

Il n'osait pas avancer de peur qu'il se reproduise la même chose que la dernière fois.

— Si ça ne te dérange pas, je vais rester à l'écart.

— Pourquoi ? Ah oui, comme tu veux.

Elle avança et fit un baiser sur le front de son amoureux.

— Bonjour amour, pourquoi ton cœur bat si vite ?

Gilbert en entendant ça avança de Louis et son cœur se mit à battre encore plus fort.

— Bah alors ?

Elle se retourna, regarda Gilbert et lui dit :

— Recule de trois ou quatre pas, s'il te plaît.

Il s'exécuta, son cœur ralenti.

— Maintenant, avance-toi près du lit.

Il avança et son cœur accéléra.

— Mais… recule.

Il recula et son cœur ralenti de nouveau.

— C'est bizarre ce truc.

— À qui le dis-tu ? répliqua Gilbert.

— Faut que je vois ça avec les docteurs.

Il resta en sa présence une bonne heure avant de dire :

— Très bien, moi je dois y aller, je vais te laisser, c'était un grand plaisir de te revoir.

— Plaisir partagé.

Gilbert sortit de l'hôpital afin de rejoindre son puits, une fois devant celui-ci, il sauta et se retrouva dans sa forêt, il se balada quelques minutes en revoyant le visage de sa bien-aimée.

Une fois rentré chez ses parents, ils partirent pour leurs moments de détente, broderie, choule et musique.

En rentrant, il fut venu l'heure de la douche et enfin la préparation du repas du soir.

— Que voulez-vous manger, mes hommes ?

— Concombre et framboise, lui dit Louis.

— Et toi, Jean ?

— Rien de spécial.

Et ils partirent dans le jardin chercher de quoi manger pour la soirée.

En arrivant, quelques personnes étaient déjà là, mais encore beaucoup de monde continua d'arriver petit peu par petit peu.

La soirée se passa très bien comme à son habitude, tous rangèrent et alors ils décidèrent d'aller se coucher.

19
À la recherche de sa grand-mère

Encore un jour qui démarre avec cette impression de manque pour Louis.

Il arriva dans le salon et dit à ses parents :

— Bonjour les parents.

— Bonjour mon ange, dit sa mère.

— Salut mon fils, ajouta son père.

— Vous faites quoi en attendant votre moment ?

— Rien, dit son père, on reste tranquille à la maison et toi tu fais quoi ?

— Encore ballade, je vais aller faire un tour.

— OK dit sa mère, et avec qui ?

— Personne, je vadrouille.

Suite à cela il partit pour une petite promenade entre les maisons tout en croisant quelques personnes.

Il se retrouva devant le puits, il hésita et se demanda s'il devait y aller ou non.

Après un long moment de réflexion, il se résolut à sauter, mais il ne savait pas où aller, voir la femme de sa vie ou essayer de retrouver sa grand-mère, il se dit :

— Carla désolé, mais je dois la retrouver.

Comment faire, il n'avait jamais vu de photo d'elle ou quoi que ce soit la concernant.

Bon, elle est à Chicago, mais il ne connaissait personne là-bas. La seule chose que je connais c'est la patinoire où joue l'équipe des Chicago Blackhawks pour y avoir déjà été en compagnie d'amis.

On va essayer.

Il sauta avec cette patinoire en tête.

Il remonta et ne reconnut rien de ce qu'il se trouvait autour de lui.

Il décida de partir au bout de la rue et la patinoire était là, juste devant lui, la magnifique, « *l'United Center* ».

Il arrêta le premier passant qui passait lui demanda où était Ohio street, il ne savait pas où se trouvait cette rue, il arrêta un deuxième, un troisième, aucun ne connaissait.

Il commençait à désespérer, quand arriva le quatrième.

— Oui, c'est facile, c'est là un peu plus loin, une dizaine de rues après celle-là.

— Je vous remercie monsieur, je vais voir.

— Oh de rien.

Et il partit, il compta le nombre de rues, mais pour être certain de ne pas rater le coche, il regarda le nom de chaque rue, Maypole avenue, Fulton street, Race avenue quand tout à coup elle était là, Ohio street.

Il regarda la première maison, 2002 ; et à côté 2008, donc les 1900 c'était de l'autre côté, alors il repartit en sens inverse.

La première maison ou plutôt un immeuble était là, 1956, il avança et commença à regarder les noms sur les sonnettes, pas de Lemaitre, il continua, ainsi de suite, mais pas de trace de sa grand-mère.

De plus il n'y avait personne, pas âme qui vive dans les environs, il se résolut de continuer.

Il continua le long de la rue jusqu'à arriver à 1900, alors il fit demi-tour et recommença de l'autre côté.

1903 rien, 1909 toujours pas et ainsi de suite, arrivé au bout de la rue, il se résigna à lâcher l'affaire.

Il repartit à arpenter la rue à la recherche de quelqu'un, mais aucun passant dans les environs, quand tout à coup, une personne vint à passer.

— Bonjour monsieur, vous habitez ici ?

— Oui juste là, bonjour.

— Est-ce que vous connaissez madame Lemaitre qui a habité ici il y a trente ans ?

— Non pas du tout, mais si vous recherchez quelqu'un je vous invite à aller voir madame Gremon qui habite la maison là-bas, elle vit ici depuis soixante ans.

— Je vous remercie, je vais aller la voir.

Il se dirigea vers cette petite maison avec un drapeau américain sur la pelouse, il sonna, quelqu'un ouvrit.

— Bonjour madame.

— Bonjour monsieur.

— Je suis à la recherche de madame Lemaitre qui a vécu ici il y a trente ans ?

— Oh oui je la connais bien, mais elle ne vit plus ici depuis dix ans.

— Et vous savez où elle est partie ?

— Oui, elle est en maison de retraite à Detroit à Chartwell depuis 2006 pour se rapprocher le plus possible de la famille de sa fille.

— Très bien merci à vous je reprends mes recherches du côté de Detroit.

— Je vous en prie, au revoir.

— Au revoir madame.

Et il repartit vers « *l'United Center* » puis en direction de son puits.

Arrivé devant, il sauta directement, se retrouva dans sa forêt tout près de ses parents et continua sa balade.

Après quelques minutes, il se résigna à rentrer.

— Déjà ? dit sa mère.

— Oh oui, pourquoi je ne suis pas parti longtemps ?

— Non, juste vingt à trente minutes.

— Ah OK, mais je n'avais rien de spécial à voir.

Et ils discutèrent là avant de partir pour leurs moments de détente quotidienne.

Arrivé chez Charlotte, Louis regarda Gilbert et dit :

— Tu savais que ma grand-mère était partie de Chicago pour retrouver sa fille en 2006 ?

— Non, je suis mort en 1984, alors 2006 ?

— Oui, en même temps.

Ils jouèrent de la musique avant de rentrer.

Suite à cela, la journée se termina comme toutes les autres avec la douche, la préparation du repas et finalement petit dîner en famille.

Une fois rentré à la maison, Louis dit :

— Je vous laisse ici, moi je vais dodo, je sens que j'en ai bien besoin, bonne nuit à vous.

— Bonne nuit fils, dirent ses parents.

20
La question à Gilbert

Louis entendit ses parents se lever, mais il ne se sentait pas la force de mettre pied à terre ni même d'esquisser le moindre geste.

Était-ce la sensation du manque de celle qu'il aimait le plus ou le fait de savoir qu'il était là avec ses défunts parents alors qu'il vivait encore sur terre ?

Après près de cinq ou dix minutes, il se résolut à se lever et il descendit les escaliers sous le regard médusé de ses parents.

— Bonjour, mon ange, dit sa mère, on commençait à s'inquiéter de pas te voir descendre.

— Non, je n'avais pas envie de bouger.

— C'est bizarre ce que tu nous dis.

— Oui, j'aime bien traîner au lit le matin.

— Et tu fais quoi après ? Nous, on va se promener.

— Je crois que je vais faire un bout de chemin avec vous, je dois aller voir Gi… Hugo.

— Non, mais si tu dois aller voir Gilbert, tu peux, je ne t'empêcherais pas.

— Euh désolé, c'est vrai que je dois aller voir Gilbert.

— D'accord, tu as le droit.

— Pardon.

Ils discutèrent quelque temps avant qu'il ne dise :

— Quand vous voulez, on est parti.

— Très bien alors, on y va, dit son père.

Ils partirent en direction de chez Charlotte.

— Très bien, je vous laisse là, bonne balade.

Ses parents répondirent en chœur :

— D'accord.

En arrivant chez Charlotte, elle était seule en compagnie de Gilbert.

— Madame, Monsieur.

— Louis, répondit Charlotte.

— Bonjour, enchérit Gilbert.

Avant qu'elle n'ajoute :

— Bon je vais vous laisser, je dois aller voir Emma.

— Très bien, à tout à l'heure, répondit Louis.

Charlotte sortie de la maison avant que Louis ne dise :

— Je voulais te voir par rapport à ma grand-mère.

— Oui, je t'ai dit tout ce que je savais.

— Oui, mais j'ai une question un peu spéciale, si tu pouvais la voir là, devant toi, qu'aimerais-tu pouvoir lui dire ou lui demander ?

— Hein, mais, je ne sais pas…

— Réfléchis bien, que voudrais-tu lui avouer ?

— Je ne sais pas que c'était l'amour de ma vie, que j'ai dû la laisser à cause de cette histoire maudite de terre et que j'ai tout essayé pour la retrouver.

— Voilà, c'est bien, et quoi d'autre ?

— Que je n'en savais rien, qu'elle attendait une fille, sinon j'aurais tout plaqué pour la, ou plutôt les retrouver.

— Ne t'en fais pas, je pense qu'un jour ou l'autre elle aura ton message.

— J'espère tous les jours.

— T'en fais pas.

Ils continuèrent de discuter de tout et de rien jusqu'au retour de Charlotte.

Après l'arrivée de tous les convives, ils firent de la musique.

Puis Louis retourna chez ses parents qui étaient déjà rentrés.

— Re vous.

— Louis, dit son père.

— Re mon ange, comment ça a été avec Gilbert ?
— Très bien merci.
— Cool, alors qui veut aller à la douche ?
— Non allez-y, moi j'irais en dernier, dit Louis.

Tous allèrent à tour de rôle dans la salle de bain.

En revenant, Louis demanda :
— Bon et maintenant on va chercher des légumes ?
— D'accord, dit son père.
— OK très bien alors c'est parti.

Ils allèrent chercher des fruits et légumes avant de partir pour leur soirée avec toute la famille.

Le repas se passa dans un état d'esprit comme à l'accoutumée.

Tous rangèrent encore de bonne humeur avant de rentrer chez eux.

Louis discuta avec ses parents, puis les salua et monta se coucher.

21
Rencontre avec sa grand-mère

Un matin comme tous les autres, ses parents se levèrent et Louis qui les suivit de près.

— Bonjour.

— Salut, dit son père.

— Mon ange, répondit sa mère, comment ça va ?

— Bof.

— Pourquoi ?

— Je ne sais pas je n'ai pas la forme, je me sens mou.

— Mais tu nous fais des trucs bizarres toi, c'est des sensations que l'on ne connaît pas ici, tu ne peux pas poser la question à ce Wail ?

— Oui et je vais aller le faire et tout de suite même.

Il sortit de chez eux et se dirigea en direction de la maison de Wail et en arrivant, il l'appela :

-Wail ?

— Dans le jardin, oui c'est qui ?

— C'est moi, Louis.

— Et qu'est-ce que je peux pour toi ?

— Je voulais savoir un truc, pourquoi le matin quand je me lève comme aujourd'hui, je me sens tout mou ?

— Alors là tu me poses une colle, c'est la première fois que j'entends un truc comme ça.

— Ah.

— Je ne pourrais te dire, je vais essayer de voir à ça.

— OK très bien, je te remercie.

— De rien, tu veux rentrer pour boire un coup ?

— Non merci, je vais te laisser, je dois aller voir quelqu'un d'autre.

— OK très bien, à ce soir alors.

— Oui à ce soir.

Et il repartit en direction du puits, une fois arrivé devant, il réfléchit et se dit que son ancien collègue habitait non loin de la maison de retraite où se trouve sa grand-mère.

Il sauta, remonta et remarqua qu'il était proche de Chartwell, alors il partit dans sa direction et en arrivant devant, il se dirigea vers l'accueil.

Il y arriva et dit à la personne qui était présente :

— Bonjour, je cherche madame Lemaitre, savez-vous si elle est là ?

— Alors madame Lemaitre, je regarde…

— Merci.

— Très bien, excusez-moi, vous êtes ?

— Son petit-fils.

— D'accord, vous voyez, vous suivez le couloir, vous passez la porte et c'est la troisième à gauche.

— Alors je passe la porte, et troisième à gauche ?

— Exactement, c'est ça.

— Merci à vous, au revoir.

— Monsieur.

Il partit le long du couloir, passa la porte et compta, une, deux, troisième à gauche.

Il arriva devant le bureau des infirmières, entra et demanda à une fille qui était là.

— Bonjour madame, je cherche une personne, une certaine madame Lemaitre.

— Oui, chambre n° 84, au bout du couloir à droite.

— Très bien, merci.

Et il partit en direction de la chambre n° 84.

Il arriva, frappa et entendit quelqu'un qui l'invitait à entrer, elle était là, devant lui et même s'il ne la connaissait de quand il était petit, il la reconnut.

Bien qu'assise dans son fauteuil, elle avait l'air petite, un léger surpoids, cheveux blancs avec les yeux marron.

— Bonjour madame Lemaitre, vous êtes bien madame Marie Lemaitre ?

Elle leva les yeux et eut un petit sourire sur son visage, mais elle ne répondit pas.

— Bonjour, je suis un ami de Louis, votre petit-fils. Alors voilà, si je suis ici c'est pour vous parler de monsieur Thomas, vous connaissez ce monsieur ?

Et là il remarqua ses yeux s'emplir de larmes et d'une voix tremblante, elle lui dit :

— Oui je connaissais quelqu'un qui s'appelait ainsi.

— Alors on a retrouvé des messages laissés par ce monsieur qui parlaient d'une certaine madame Lemaitre.

— C'est bien Gilbert le prénom de cette personne ?

— Oui effectivement.

— Alors, il a laissé un message pour dire que vous étiez l'amour de sa vie, qu'il a dû vous laisser pour une histoire de terre et qu'il a tout essayé afin de vous retrouver.

— Ravis de le savoir, et où est ce monsieur maintenant ?

— Il est décédé madame, vous ne le saviez pas ?

— Non, je n'avais aucune nouvelle de cette personne depuis des années.

— Désolé de vous l'apprendre.

— Pas de souci, mais c'est quand même le père de ma défunte fille.

— Oui, et ça a l'air de vous rendre énormément triste.

— Oui, il a été le seul homme de ma vie, il m'a mise enceinte et je n'ai même pas eu le temps de lui avouer, il est vite parti sans donner de nouvelles.

— Oui, mais dans le texte il explique qu'il vous a laissé, mais il dit aussi qu'il vous a cherché pendant des années.

— Oui peut-être, et je vous en remercie énormément, mais j'ai du mal à vous croire.

— Je n'en doute pas une seconde, madame, mais sachez qu'il a écrit ces quelques mots sur son lit de mort.

— C'est vrai ce que vous me dites là ? Mais alors c'est peut-être vrai.

— Oui, je pense aussi que c'est la vérité.

— D'accord, mais c'est dommage qu'il ne me l'ait pas dit de vive voix.

— Je me doute que cela n'a pas été facile pour vous.

— C'est même pire que ça, imaginez-vous avoir pensé trouver l'amour de votre vie, celui qui est votre confident, celui qui vous comprend même sans dire un mot. Cet homme était tout pour moi et je n'ai jamais réussi à l'oublier et je ne l'ai jamais remplacé.

— C'est vraiment triste votre histoire, vous allez me donner envie de pleurer.

— Vous savez, moi je ne pleure plus depuis bien longtemps, j'ai trop pleuré à cause de cette histoire.

— Je m'en doute, madame, et je pense que s'il avait réussi à vous retrouver, il vous aurait expliqué tout cela.

— J'aurais bien aimé aussi, mais maintenant vous me dites qu'il est décédé.

— Oui et encore une fois je suis désolé, mais madame je dois vous laisser, passez une très bonne journée.

— Vous également.

Et il sortit de la chambre, retourna en direction de son puits et une fois arrivé devant celui-ci, il se mit à pleurer, il sauta dedans et se retrouva dans sa forêt.

Il arriva chez ses parents pour discuter, passer à la douche ainsi que préparer le repas du soir.

Une fois tous à table, Louis avait fait exprès de ne pas se mettre loin de Gilbert.

— Gilbert, il faut que je te voie.

— Oui, viens.

Ils se mirent alors à l'écart de tout le monde.

— Gilbert, j'ai vu ma grand-mère et…

— Où ? Où l'as-tu vue ?

— Je ne peux pas te dire, mais elle m'a dit que tu as été le seul homme de sa vie, que tu l'as mise enceinte et qu'avant de te l'annoncer tu t'es sauvé comme un voleur.

— Mais je t'ai dit, je ne savais pas pour le bébé.

— Je sais bien moi, mais pas elle apparemment.

— Et elle était comment quand tu lui as dit ça ?

— Très triste, elle avait envie de pleurer, mais elle m'a dit qu'elle n'a plus de larmes à faire couler.

— Et tu l'as vue où ? demande-lui de venir ici.

— Non, ça ce n'est pas possible.

— Pourquoi ?

— C'est plus compliqué que ça.

— D'accord, très bien.

— On passe à table ?

— Vas-y, je te suis.

Ils retournèrent à table pour prendre un super repas en famille avant de tout ranger.

Une fois de retour, après avoir fait la vaisselle, sa mère demanda à son fils :

— Pourquoi Gilbert avait les larmes aux yeux quand tu es revenu de lui parler ?

— Oh, c'est juste que j'ai eu des nouvelles de Denise qui se trouve être sa mère.

— Et où se trouve-t-elle ?

— Elle n'est pas décédée, elle a quatre-vingt-treize ans.

— Pas mal, très bien, dans ce cas-là comment as-tu fait pour avoir de ses nouvelles ?

— C'est compliqué, mais je t'expliquerais plus tard.

— D’accord, mais en attendant, je vais vous laisser pour aller dormir un petit peu.

Elle monta se coucher en laissant ses hommes seuls.

— Alors papa, encore une bonne soirée non ?

— Comme tous les soirs que l’on passe ici.

— Oui en même temps c’est la famille, c’est normal.

— Non, ça n’a pas toujours été comme ça, à une époque il y a eu une histoire de famille entre celle de Mathieu et celle d’Erika.

— Il s’est passé quoi ?

— Pas grand-chose, il a fallu en raisonner quelques-uns pour calmer les choses, mais ça va mieux aujourd’hui.

— Très bien, dodo maintenant ?

— D’accord.

Et ils montèrent pour se coucher.

22
Une petite dose d'amour

Louis se leva de bonne heure, sortit de la maison d'un pas rapide et énergique, il savait où il allait aujourd'hui.

Pour la retrouver elle, la femme de sa vie, celle qui hante ses nuits autant que ses journées.

Il voulait aller la voir, mais ça aurait été bizarre, l'arrivée de ce « Gilbert » que l'on n'avait pas vu jusque-là et qui tout à coup passe ses journées avec elle.

Il courut pour se retrouver devant le puits.

Il sauta, remonta et vit où il se trouvait, près d'elle, sa moitié, son autre, son tout.

Il arriva devant l'hôpital, il réalisa qu'il était un peu tôt pour qu'elle soit déjà là.

Mais rien de grave, comme ça dès qu'elle allait arriver, lui serait déjà là, il la verrait.

Après cinq minutes d'attente, elle arriva d'un pas décidé comme d'habitude.

— Bonjour Gilbert, déjà là ?

— Carla bonjour, oui, j'ai vu l'heure et je me suis dit que tu allais bientôt arriver.

— Où habites-tu ?

— Pas très loin, il se rappela du vendeur Lamborghini qu'il avait l'habitude de visiter, sur Curtis street.

— Effectivement c'est près d'ici.

— Cinq minutes à pied.

Ils décidèrent de rentrer et de se rendre au service réanimation.

En arrivant devant la chambre, Carla entra seule afin de vérifier qu'il n'y ait personne, elle revint le chercher.

— Gilbert, c'est bon, tu peux entrer.

Il entra dans la chambre.

Carla était à côté du lit, elle l'invita à approcher.

Il se dirigea en direction du lit, à ce moment-là, l'électrocardiogramme de Louis s'emballa.

— Pourquoi il fait ça ? demanda Carla.

— Je ne sais pas, je crois qu'il ne veut pas me voir ici.

— Non, ne dis pas de bêtises, attends je vais chercher une infirmière.

Elle sortit, Gilbert se retrouva seule devant lui-même et il ne savait pas quoi faire, avancer au risque que son cœur lâche ou rester là sagement.

Il resta là sans bouger à attendre le retour de Carla.

Une fois revenue, celle-ci lui dit :

— Ils ne comprennent pas pourquoi ça fait ça.

— Il sent peut-être ma présence et comme il y a longtemps que l'on ne s'est pas vu il ne me reconnaît pas.

— Oui peut-être.

— Alors comme ça tu as arrêté tes cours ?

— Oui je veux me consacrer entièrement à lui pour être présente le plus possible.

— C'est magnifique, il serait heureux de voir ce que tu fais pour lui.

— Mais il l'est.

Ils continuèrent de discuter jusqu'à onze heures trente, Louis voulait partir avant l'heure du repas, il ne voulait pas se retrouver à la cafétéria sans argent.

Il quitta donc l'hôpital pour regagner son puits où il sauta dedans et retrouver sa forêt, ses parents.

Il savait très bien qu'ils ne seraient pas levés et décida de les attendre dans le canapé.

Il entendit du bruit à l'étage avant d'entendre sa mère descendre l'escalier et lui dire :

— Louis déjà, mais qu'est-ce que tu fais là ?

— Je ne sais pas, insomnie !

— Encore, t'es pas normal toi.

À ce moment-là son père descendit, il dit :

— Salut mon fils.

— Bonjour papa, oui je sais bien maman, mais que veux-tu que je te dise ?

— Bah rien.

— Donc vous faites quoi là ?

— Yoga.

— Très bien, moi aussi je peux venir ?

— Mais oui volontiers, avec plaisir.

Ils partirent pour une bonne séance de yoga qui permit à Louis de souffler et de se ressourcer.

Au retour, la journée se passa comme toutes les autres.

Ils allèrent à la douche.

Ils préparèrent le repas du soir.

Et finalement ils passèrent à table.

Après avoir rangé, tout le monde rentra dans leurs maisons respectives.

Louis sourit et dit « je t'aime » avant de monter coucher.

Encore une très bonne journée de passée ici.

23
Le coup du parapluie

Au réveil, Louis retrouva ses parents et dit :

— Bonjour à vous.

— Bonjour, répondirent-ils.

Ils discutèrent encore quelques minutes avant de partir faire leurs moments de détente, sa mère au yoga, son père à la choule et musique pour Louis.

Il retrouva Camille afin de discuter d'un nouveau morceau qu'il voulait lui faire découvrir avec la nouvelle chanson de Céline Dion, « encore un soir », qui était sortie juste avant le décès de Louis et que bien sûr Camille ne connaissait pas, elle ne savait même pas qui était Céline Dion, elle n'avait entendu que des chansons.

Elle tomba directement sous le charme et lui dit qu'elle pensait qu'il fallait la proposer aux autres.

Ils attendirent là pour l'arrivée de tout le monde.

Gilbert fut le tout premier, c'est alors que Louis lui demanda de sortir deux minutes, ce qu'ils firent.

— Oui, que veux-tu ?

— Si tu pouvais passer un message à ma grand-mère qu'aimerais-tu lui dire ?

— Que je l'ai toujours aimée, même à distance, que je ne l'ai jamais oubliée et que l'ai cherchée une fois mon devoir accompli, aussi, si j'avais su que ça se terminerait comme cela je ne l'aurais jamais quittée ou au moins je lui aurais expliqué le souci que j'avais.

— Très bien, et c'est tout ?

— Non, c'était l'amour de ma vie…

— OK d'accord.

Ils retournèrent retrouver tout le monde à l'intérieur.

— Louis, dit Camille, tu proposes la musique que tu veux que l'on fasse ?

— Oui, pas de souci. Alors voilà, je voudrais que l'on joue une chanson de Céline Dion, pour ceux qui connaissent, qui s'appelle « encore un soir », elle est très Franchie et elle est sortie avant que je n'arrive ici.

Et ils jouèrent jusqu'à environ 16 heures.

Une fois rentré chez lui, il retrouva ses parents pour faire la collecte de fruits et légumes afin de manger avec toute la famille.

Tout le monde s'activa pour mettre les tables et les chaises en place, Louis et ses parents s'installèrent et il remarqua que Gilbert n'était pas là.

— Quelqu'un a vu Gilbert ?

— Il ne devrait pas tarder, il ne voudrait pas manquer les derniers jours de Léa.

Peu de temps après, Gilbert arriva, Louis demanda :

— Hey comment vas-tu depuis tout à l'heure ?

— Très bien merci et toi ?

— À merveille, j'ai besoin de te voir, on peut ?

— D'accord, viens par ici.

Ils se mirent à l'écart de tout le monde.

— Que veux-tu ?

— Je vais aller voir ma grand-mère comme je t'ai dit, mais je voulais lui parler de toi et j'ai pensé à un truc, j'aimerais savoir si tu as quelque chose de spécial à lui montrer afin de lui prouver de ta bonne foi, mais aussi l'amour que tu as pour elle.

— Euh, je ne sais pas… Ou si bien sûr j'ai une petite idée, laisse-moi aller chercher un truc.

— Pas de souci, je t'attends.

Gilbert partit et revint quelques minutes après.

— Tiens Louis, donne-lui cela.

Il lui donna un parapluie.

— Mais comment se fait-il que tu aies un truc comme ça ici alors qu'il ne pleut jamais ?

— Quand je suis arrivé ici, j'avais cela dans les mains.

— La vie est bien faite, ou la mort également…

— C'est le parapluie sous lequel je l'avais abritée le premier soir que je l'ai vue, il pleuvait et elle était toute mouillée, alors je l'ai recueillie sous mon parapluie.

— OK d'accord, je vais lui donner ça et je verrais bien sa réaction, merci à toi.

— Non, merci à toi.

— Pas de souci.

Ils retournèrent s'asseoir à table avec les convives où ils mangèrent dans la joie et la bonne humeur.

Une fois terminé, tous allèrent au lit.

24
L'anecdote

Réveil-matin comme à son habitude, Louis entendit ses parents et décida de se lever, il descendit et dit :

— Bonjour, vous, qu'est-ce que vous avez de prévu ?

— Salut mon fils, dit son père.

— Bonjour mon ange, dit sa mère, tu te rappelles que c'est demain que la tante Léa s'en va et du coup elle passe voir ses proches pour dire au revoir, et comme elle vient ce matin, on ne fait rien de spécial et toi tu as quelque chose ou tu restes pour voir la tante Léa ?

— Oui c'est vrai, du coup je vais rester là.

— Tant mieux, elle sera contente.

— J'ai une question, ça doit être triste de la voir partir ?

— Non pas du tout, répondit son père, tu vois on sait que l'on va se revoir ici dans peu de temps, alors.

— Mais quand même, c'est un départ.

— Non, dit sa mère, c'est plus comme un petit voyage qui ne va pas durer longtemps, on va se retrouver.

Puis elle esquissa un sourire qui permit à Louis de se sentir rassuré.

Ils restèrent là à discuter jusqu'au moment où une tête passa par la porte, c'était elle, la tante Léa.

— Coucou, vous êtes là ?

— Oui, dit son père.

Léa rentra et fut surprise de voir la présence de Louis.

— Louis, je ne pensais pas que tu serais là afin de me dire au revoir, mais je suis très contente de te voir.

— Tout le plaisir est pour moi, je ne pouvais pas sortir alors que tu venais nous dire au revoir.

— C'est très gentil de ta part, mais sinon je me demande qui va arriver et qui va prendre ma maison.

— Pourquoi quelqu'un va arriver à ta place ?

— Oui, dit sa mère personne ne t'a expliqué ?

— Bah non, expliquer quoi ?

— Alors tu vois, dit la tante Léa, quand quelqu'un part, il accueille le ou les nouveaux, et il explique toutes les directives d'ici, mais même Wail ne t'a pas expliqué ça ?

— Pas du tout.

— Dommage, maintenant tu le sais, quand je vais partir, je dois passer la porte, suivre le ruisseau et là je vais retrouver une ou plusieurs personnes de la famille pour venir vivre ici avec vous.

— OK j'ai compris, et on sait à l'avance de la personne qui va arriver ?

— Non, cela serait bien, mais non pas du tout.

— D'accord alors c'est la surprise si je comprends ?

— C'est ça.

Ils discutèrent encore quelques minutes avant que Léa ne dise :

— Maintenant je dois continuer mon petit tour, j'ai encore plein de monde à saluer avant de partir.

Elle se leva, imitée par tous les convives.

— Très bien, dit sa mère, mais sache que tu vas nous manquer ici et reviens-nous vite, puis elle l'embrassa.

— Léa, dit son père, sache que de ne plus t'avoir avec nous à table va nous manquer à un point, tu ne t'imagines même pas, après quoi il l'embrassa.

— Louis, dit-elle, je suis ravie de t'avoir rencontré même si ce n'est pas longtemps.

— Moi aussi, mais on se reverra bientôt ?!

— Oui c'est certain, après quoi ils s'embrassèrent.

Tante Léa se dirigea vers la sortie de la maison non sans s'être retournée pour lancer un large sourire avec ses dents du bonheur.

— Comment tu vas mon fils ? dit sa mère.

— Oui ça va aller, c'est bon, ne t'inquiète pas.

Là son père partit à la douche, sa mère lui demanda :

— Tu es certain d'aller bien ?

— Oui ça va aller.

— Ce n'est pas l'impression que tu donnes.

— Si ça va aller, mais je me sens triste.

— C'est drôle comme sentiment ici, jamais personne n'a parlé d'un tel ressentit.

Ils restèrent là à discuter avant que son père ne revienne de la douche et dit :

— C'est bon Louis, à ton tour.

— OK j'y vais tout de suite.

Il partit prendre sa douche, après quoi, sa mère y alla.

Louis regarda son père et lui dit :

— Papa, je reviens tout de suite, tu ne bouges pas.

— Non du tout, mais que vas-tu faire ?

— T'inquiète, je ne serais pas long.

Suite à quoi il sortit avec le parapluie et partit en courant vers le puits.

Une fois devant, il sauta pour se retrouver proche de chez sa grand-mère, y arriva et frappa à la porte.

Il fut invité à entrer.

— Bonjour madame.

— Ah, bonjour, que puis-je pour vous ?

— On s'est vu il y a une paire de jours.

— Ah oui, je me souviens de vous.

— J'ai un message à vous remettre, vous connaissez Gilbert Thomas.

— Oui bien sûr, vous êtes encore avec lui ?

— Oui madame, j'ai un message de sa part.

— Oui, allez-y.

— Il a demandé de vous dire que vous étiez l'amour de sa vie et il a laissé un petit quelque chose pour vous.

— Allez-y, mais je me demande ce qu'il a bien pu me laisser dans ce monde.

— Je vais vous montrer tout de suite, il est dehors.

Il sortit et revint avec le parapluie, il le sortit et le tendit en direction de sa grand-mère.

Quand elle le vit, elle ne put retenir ses larmes.

— Oh mon Dieu, il l'a gardé, vous savez ce que c'est ?

— Un parapluie.

— Non, c'est LE parapluie, j'étais malade, il pleuvait, alors Gilbert est arrivé et me l'a tendu, CE parapluie et m'a dit « si vous voulez, je vous prête un petit coin de parapluie » c'est ainsi que notre histoire a commencé, grâce à ce parapluie.

— Il a ajouté que vous étiez l'amour de sa vie, qu'il n'a aimé que vous et que s'il a eu une autre femme, c'est juste pour une histoire de terre promise à ses parents, mais pour ce faire il devait faire un fils à son épouse.

— Je ne savais pas tout ça.

— Il a dit aussi qu'après avoir réussi à faire un fils à cette femme, il vous a cherchée partout, mais en vain. Aussi, s'il avait su que ça se terminerait comme ça, eh bien il ne vous aurait jamais quittée.

— Oh, si vous saviez comment je suis triste de ne pas le revoir encore une fois.

— Et si vous pouviez lui dire une chose, ça serait quoi ?

— Que j'ai eu beaucoup de mal quand il est parti, même après d'ailleurs et que j'aurais aimé qu'il m'explique tout cela avant de partir et que je n'ai jamais aimé que lui.

— Très bien je suis certain que de là où il est, il vous a entendu, c'est trop triste que vous vous soyez perdu alors que vous vous aimiez.

— Oui et c'est surtout pour moi que ça a été difficile.

— Je me doute bien, mais lui aussi était très triste à ce que je sais.

— Et comment pouvez-vous le savoir ?

— Je l'ai bien connu quand il était encore là et il ne parlait que de vous.

— Ravis de le savoir, mais il est parti et c'est ça qui est le plus dommage, j'aurais aimé qu'il me le dise.

— Je m'en doute bien, mais je sais qu'il a tout tenté pour y arriver.

— Oui.

— Madame, je suis désolé, mais je vais vous laisser, je vous souhaite une très bonne journée.

— Merci à vous pour ce cadeau dont je ne m'y attendais pas et également une très bonne journée.

Il prit congé de sa grand-mère pour retrouver son puits afin de retourner chez lui.

Il retrouva alors ses parents qui étaient en train de finir une discussion avant de partir faire la cueillette dans le jardin afin de cueillir des fruits et des légumes pour le repas du soir.

Tout le monde passa une merveilleuse soirée.

Après quoi ils rangèrent le mobilier quand Gilbert se rapprocha de Louis pour lui dire au creux de l'oreille :

— Je peux te poser une question ?

— Oui, viens à l'écart.

Ce qu'ils firent, quand Gilbert demanda :

— Dis-moi juste si elle est dans le coin ?

— Non elle n'est pas près d'ici.

— OK, alors tu peux insister et lui dire que je l'aime et que je n'ai aimé qu'elle.

— T'inquiète, le message est déjà passé, je lui ai donné le parapluie.

— Et qu'a-t-elle dit ?

— Qu'elle aurait aimé que tu lui expliques tout cela et qu'elle t'a aimé toute sa vie.

— D'accord, merci beaucoup, j'espère la revoir.

— Je m'en doute bien, crois-moi.

Après quoi Louis retrouva ses parents chez eux où sa mère lui demanda :

— Que voulait Gilbert ?

— Rien, on parlait musique.

— OK, très bien.

Après la vaisselle, Anne monta au lit, les deux hommes discutèrent dans le salon de leur journée.

Ensuite, ils montèrent se coucher.

25
Départ-arrivée

Un réveil matinal semblable aux autres matins, Louis attendit d'entendre ses parents pour se lever quand tout à coup il se dit qu'aujourd'hui était le grand jour de tante Léa, il n'arrivait pas à se dire qu'elle allait les quitter.

Il décida de se lever, sauta du lit et sortit.

— Bonjour les parents.

— Louis, lui répondirent-ils tous les deux.

— Je ne vous ai pas posé la question, mais à quelle heure s'en va la tante ?

— Bah là, tout de suite lui dit son père, une journée comme cela est très spéciale, normalement on se lève, après tu connais le déroulement de la journée, mais là toute la matinée est consacrée à la personne qui part après quoi on s'organise pour la soirée.

— Mais tu vas voir, dit sa mère, ça se passe dans la bonne humeur, tout le monde est ravi de se retrouver pour passer du temps ensemble avant le départ.

— Oui d'accord, mais alors pourquoi est-ce que je suis triste comme ça ?

— Je ne sais pas, répondit sa mère, c'est la première que tu vois partir, mais je n'ai jamais ressenti cela.

— Allez, on y va, dit son père.

Ils partirent alors pour retrouver tout le monde qui s'était regroupé au centre du village, là où ils mangent habituellement le soir.

Une fois arrivé, tout le monde était regroupé et Louis remarqua que tous étaient autour de la tante Léa.

En le voyant, elle se dirigea en sa direction et lui dit :

— Louis, content de te voir ici, Wail m'a dit la place que tu allais occuper après son départ et je tiens à te dire qu'il ne faut pas s'en faire, tout se passera à merveille pour toi.

— Je ne m'en fais pas, je suis certaine que ça va aller.

— Très bien, j'en suis sur également, mais toi tu sais quand est-ce que tu vas revenir ?

— Non du tout, et c'est cela qui est drôle.

— Drôle, c'est bizarre de penser ça.

— Mais non, ne t'inquiète pas pour moi, en tout cas je te souhaite bon courage, maintenant où sont tes parents ?

— Ils sont là-bas.

— OK d'accord, je vais aller les voir.

— Très bien.

Elle partit dans leur direction.

Après plein d'embrassades, Léa se retourna vers Louis et lui fit un clin d'œil, ensuite avec Wail ils se dirigèrent en direction du bois et de « LA » porte.

Cinq-dix minutes après, Wail était de retour et Louis remarqua à distance qu'il marchait en compagnie d'une personne, mais dont il ne distinguait pas le visage.

Une fois arrivé proche de lui, il remarqua la femme et la reconnut tout de suite.

— GRAND-MÈRE ?!

Non, ce ne pouvait pas être elle…

Et si c'était elle, SA grand-mère avec qui il était la veille et à qui il avait donné le parapluie de Gilbert.

Parapluie qu'elle tenait dans la main au moment même où elle arriva près de tout le monde.

À cet instant, la mère de Louis la reconnut, elle ne put s'empêcher de crier :

— MAMAN !!!

— Anne, ma fille… Je suis si contente de te voir ici.

— Maman, c’est un très grand plaisir que tu sois avec nous, mais pourquoi maintenant ?

— Je pense que j’ai fait le tour sur Terre et si j’avais su que j’allais tous vous retrouver ici, je peux te jurer que je serais arrivée plus tôt.

Elle discuta avec plusieurs personnes de la famille qui étaient très contentes de la voir ici.

À un moment Louis réalisa que tous étaient là, mais il manquait quelqu’un, où était-il, où était Gilbert ?

Il chercha partout, mais il ne réussit pas à le trouver, alors il décida d’aller le chercher chez lui.

Arrivé devant la maison de Gilbert, il entra et lui dit :

— Gilbert que fais-tu là, tu ne viens pas ?

— Non pourquoi, qu’est-ce qui se passe ?

— Pourquoi es-tu parti si vite ?

— Je ne voulais pas voir qui allait arriver, et tiens d’ailleurs, c’est qui ?

— C’est Marie, ma grand-mère qui est là.

— Marie, ah très bien, mais donc elle n’était pas encore là, alors comment as-tu fait pour lui parler ?

— Désolé je ne peux pas te le dire.

— OK, je ne manquerais pas de la croiser.

— Mais non, viens pour la voir, dépêche-toi.

— Non, ne t’inquiète pas.

— Tu es sûr ? Très bien.

Il repartit avec cette sensation d’échec, il retrouva alors ses parents qui étaient encore en compagnie de Marie.

Il s’approcha d’elle, au moment de le voir, elle cria :

— Gilbert ?

— Pardon ? dit Louis.

— Ah euh, non rien, j’ai eu l’impression de voir quelqu’un que j’ai rencontré dernièrement sur terre.

— Non, je suis désolé, moi c’est Louis, ton petit-fils.

— Oh oui, je te reconnais bien.

— Grand-mère, je suis content de te voir avec nous.

— Moi aussi, petit Louis.

— J'avais oublié que tu m'appelais comme cela avant.

— Oui, je t'ai toujours appelé ainsi.

— C'est vrai, j'ai ce souvenir, mais ça date.

— Oui, ton anniversaire pour tes 5 ans c'était le 4 septembre et moi je suis parti une semaine après.

— Mais pourquoi es-tu partie ?

— Ta mère était déjà avec Jean et tout allait bien, tu as fêté tes 5 ans et j'ai préféré me mettre à l'écart.

— Pourquoi te mettre à l'écart ?

— Je t'ai dit que tout allait bien pour ta mère, et j'ai senti que j'étais de trop, alors je suis partie.

— Mais moi j'avais besoin de toi !

— Tu avais tes parents, moi j'étais de trop.

— Ne dis pas de bêtises, j'aurais aimé que tu sois là !

— Mais moi aussi, tu sais je n'ai jamais été loin, j'ai vu tes kermesses de fin d'année, tous tes matchs de foot.

— Où, pourquoi est-ce que je ne t'ai pas vu ?

— Tu sais que quand on veut on peut se fondre dans la masse, même si des fois c'était compliqué.

— J'imagine, mais j'aurais tellement aimé que tu sois vraiment là, mais c'est trop tard.

— Moi aussi j'aurais aimé.

— Sinon tu sais que Gilbert est là ?

— LOUIS, dit sa mère.

— Laisse ma fille… je ne savais pas, mais où ?

— Il n'a pas voulu rester pour voir qui arrivait et il est rentré chez lui.

— Ne t'inquiète pas, je vais le croiser tôt ou tard.

— Je vous laisse entre vous, bonne soirée grand-mère.

— À demain, mon petit Louis.

— Non à ce soir pour le repas.

— C'est vrai, on se voit tous les soirs pour dîner.

— Oui, à ce soir.

Il partit, laissant ses parents avec sa grand-mère.

Il remarque alors qu'il était plus de 16 heures, il fonça dans le jardin afin de ramasser des fruits et des légumes.

Une fois la récolte effectuée, il rentra dans la maison pour attendre ses parents, cinq minutes plus tard ils arrivèrent tous les deux d'un air joyeux.

— Re vous, j'ai fait un petit tour dans le jardin pour prendre des trucs, mais si vous voulez autre chose ?

— Non, c'est bon, dit sa mère, je ne veux rien en particulier pour ce soir, merci.

— Moi tout pareil, dit son père.

Ils restèrent là à discuter avant de partir pour mettre en place la table et les chaises.

Tout le monde s'installa à table et Louis remarqua encore une fois que Gilbert n'était pas là et qu'il allait voir ça demain à la première heure.

Ils rangèrent tous en rigolant et tout ce petit monde rentra dans leurs maisons respectives.

Une fois rentré avec ses parents, Louis leur souhaita bonne nuit et monta se coucher peu de temps avant eux.

26
Le retour à la maison

Réveil comme tous les autres matins, Louis sentait l'envie de voir Carla, il se leva et fût surpris de retrouver ses parents sur le palier.

Alors tous discutèrent dans le salon jusqu'au moment de détente, pour ses parents une séance de yoga, et pour Louis de la musique chez Charlotte.

Sur le chemin du retour, il avait encore Carla dans la tête, mais il dut se résoudre à ne pas aller la voir tout de suite et à rester ici, il retrouva alors ses parents sur le chemin qui les ramenaient à la maison.

Puis ils arrivèrent dans le salon et Anne lança :

— Qui veut aller à la douche ?

Il ne pouvait pas, il avait besoin de lui parler, de la sentir, de la toucher.

— Moi je voudrais voir quelque chose dehors avant.

— Très bien, alors tu peux faire ton truc mon ange, moi je vais aller me doucher, dit sa mère.

— OK, merci et à tout de suite.

Louis sorti et parti directement en direction du puits, il voulait la voir, lui parler, ses bras lui manquaient, mais il savait qu'il ne pouvait pas aller jusque-là.

Il arriva devant le puits, sauta dedans. En remontant, il remarqua qu'il était près de chez lui.

Est-ce que cela voulait dire que Carla n'était pas avec le Louis qui se trouvait dans ce lit ?

Il devait en avoir le cœur net, alors il sortit du puits et se dirigea directement en direction de l'appartement.

Il arriva devant, se demanda ce qu'il devait faire, mais l'envie de la voir était si grande qu'il sonna.

— Oui, c'est qui ?

— Oui, Carla, c'est Gilbert, ça va bien ?

— Gilbert, mais que fais-tu ici ?

— Écoute j'étais à l'hôpital et je ne t'ai pas vu et je me suis dit que tu avais peut-être un souci.

— Et comment as-tu eu mon adresse ?

— Par une infirmière.

— Ah… OK, tu peux monter.

Elle déclencha l'ouverture de la porte, quand il l'ouvrit, il se dit qu'il ne devrait pas savoir à quel étage elle habitait, il ressortit et dit :

— Carla ?

— Oui ?

— Et l'étage ?

— Premier.

— OK, merci.

Il se précipita vers l'escalier et monta, elle était là à l'attendre sur le pas de la porte, elle était tellement belle.

— Salut.

— Bonjour Gilbert, tu veux entrer ?

— Avec plaisir.

Il lui fit la bise tout en respirant son merveilleux parfum qui sentait très bon.

Il avait des papillons dans le ventre.

Ils rentrèrent tous les deux et s'installèrent dans le canapé, il était chez lui, Carla demanda :

— Tu veux boire quelque chose ?

— Non merci, c'est gentil, alors pourquoi ne pas avoir été voir Louis ?

— Écoute, j'ai été malade comme un chien toute la nuit et j'ai peu dormi, mais je vais y aller, là.

— OK, très bien.

— Tu veux venir avec moi ?

— Non, c'est gentil, j'y suis déjà allé et j'ai des choses à faire, mais cela aurait été avec plaisir.

— Dommage.

— Et tu as été chez le docteur ?

— Pas encore, j'ai rendez-vous en fin d'après-midi.

Timidement, il lui dit :

— Très bien, prends soin de toi.

— Merci, c'est très gentil de ta part, Louis m'attend.

— Il t'attend ?

— Oui je suis désolée, mais c'est comme si quand je lui rendais visite il était là présent avec moi.

— Je comprends tout à fait ce que tu veux dire, ne t'excuse pas, c'est normal, il te manque.

— Plus que ça, c'est fou le vide que je peux ressentir.

— J'imagine, mais je te laisse le retrouver.

— Merci à toi.

Ils se levèrent pour se faire la bise et Louis se dirigea vers la porte avant d'ajouter :

— À très bientôt j'espère, et soigne-toi bien.

— À plus et encore merci.

Louis sortit de l'appartement puis de l'immeuble pour se diriger vers le puits.

Il sauta dedans.

Une fois remonté il se dit qu'il ne pouvait pas rentrer tout de suite, il ne s'était pas passé longtemps ici et son père pourrait trouver cela louche, il partit au travers des maisons où il rencontra des personnes sur son chemin.

Il rentra finalement chez lui où son père était à la douche et sa mère assise dans le salon.

— Comment ça va, fils ?

— Oh ça va, mais alors très bien.

— Et qu'est-ce qui te met dans un état comme ça ?

— Hein ? Rien de spécial, juste que je suis heureux d'être ici avec vous, voilà.

— Oui, on va dire ça.

Suite à cela et son père sorti à peine de la douche, Louis y alla et enfin il était temps de préparer le repas.

— Qui veut quoi ? demanda son père.

— Radis et quelques tomates, s'il te plaît mon chéri, répondit sa mère.

— Moi rien, renchérit Louis.

— Très bien alors, je vais vous chercher ça.

— Je viens avec toi, papa.

— OK d'accord.

Ils sortirent dans le jardin pour aller chercher des radis, des tomates, et son père quant à lui prit en plus un concombre, des betteraves, mais aussi quelques pommes.

Une fois la cueillette terminée, tous ramenèrent une table et des chaises, mais aussi la nourriture pour le dîner.

Le repas se passa comme tout le temps très bien avec des blagues et des petits jeux.

Une fois celui-ci terminé, il fut venu le temps de ranger, mais aussi de rentrer chacun chez soi.

Et enfin de monter se coucher.

27
Électrocardiogramme fou

Louis se réveilla avec le sourire aux lèvres, mais pourquoi avait-il le sourire ? Carla ! C'est grâce à Carla qu'il avait vu la veille puis soudain il réalisa qu'il la voyait, c'est bien, mais il ne pourrait plus jamais la serrer dans ses bras, l'embrasser ainsi que toutes ces choses qu'il avait envie de faire avec elle.

Est-ce qu'il allait la voir aujourd'hui ?

Il en ressentait un fort besoin.

Il se leva et retrouva ses parents installés tranquilles dans les canapés.

— Bonjour vous.

— Salut mon fils, dit son père.

— Bonjour mon ange, dit sa mère, comment va ?

— On fait aller, vous faites quoi après ?

— Moi broderie comme souvent, en plus vu que la tante Léa n'est plus là, devine qui est la plus ancienne ?

— Et moi choule, on va jouer en mode hockey sur glace, mais sur herbe aujourd'hui pour rigoler.

— Je crois que je vais venir avec toi.

— Très bien, ça fait plaisir.

— Avant de partir, je vais aller prévenir tout le monde chez Charlotte, sinon ils vont m'attendre.

— Très bien.

Louis partit donc les retrouver, mais juste avant d'y arriver, il tourna et se retrouva devant le puits. Il sauta et ne fut pas surpris de se retrouver à proximité de l'hôpital et de sa bien-aimée.

Il arriva, rentra dedans, se rendit jusqu'à son autre chambre pour LA retrouver.

Il frappa, on l'invita à entrer, il ouvrit la porte et ne fut pas surpris de la voir là, penchée sur le lit à tenir la main de Louis du monde réel.

— Bonjour Carla.

Elle le vit et alors elle lâcha la main qu'elle tenait.

— Gilbert, mais que fais-tu ici ?

— Je venais voir Louis, mais aussi comment tu vas toi ?

— Je vais bien mieux qu'hier.

— D'accord c'est cool.

Il dirigea vers elle pour lui faire la bise, mais en s'approchant d'elle, il s'approchait de Louis également et soudain le moniteur cardiaque s'emballa.

Il n'osait pas bouger quand Carla lui dit :

— Approche pas je viens.

Elle se leva pour lui faire la bise.

— Mais pourquoi est-ce qu'il fait ça, dit-il ?

— Je ne sais pas, les infirmières ne comprennent pas ?

— Et ça le fait avec d'autres ?

— Non juste avec toi.

— J'aimerais bien qu'on m'explique pour comprendre, si un jour il se réveille et…

— Il va se réveiller !

— Oui pardon, le jour où il va se réveiller je lui poserais la question.

— Oui moi aussi j'aimerais bien comprendre.

Ils restèrent à discuter pendant une heure avant de réaliser qu'il était peut-être temps de retourner chez lui pour retrouver ses parents.

— Je suis désolé Carla, mais je dois te laisser j'ai du monde qui va m'attendre.

— Pas de souci, c'est gentil d'être passé.

— Tout le plaisir est pour moi, je repasserais peut-être dans les jours à venir.

— Quand tu veux, moi je serais là.

Ils se firent la bise avant de filer retrouver son puits qui n'avait pas bougé.

Il sauta, retrouva sa forêt ainsi que la maison de Charlotte, qui d'ailleurs était seule chez elle.

— Salut toi.

— Hey Louis, qu'est-ce qu'il t'arrive ?

— Juste prévenir que je ne venais pas jouer avec vous.

— OK pas de souci, je passe l'info aux autres.

— Merci, à plus.

— À ce soir…

Il repartit chez ses parents pour les retrouver posés dans les canapés.

— Papa, on y va ?

— Oui mon fils, on est parti.

Puis ils partirent rejoindre tout le monde qui était déjà prêt pour une bonne partie de choule en famille, où ils rigolèrent bien et ne virent pas le temps passer.

Ils rentrèrent au même moment qu'Anne, puis ils allèrent ramasser des fruits et légumes pour le repas.

Arrivé l'heure de manger, Louis remarque que sa grand-mère était là, mais il ne vit pas Gilbert, il demanda à Emma qui passait par là :

— Emma, est-ce que tu as vu Gilbert ?

— Du tout désolé, mais je ne l'ai pas vu.

— Pas grave merci.

Il installa la table avec son père avant de voir Hugo et de lui demander :

— Hugo, tu as vu Gilbert dans le coin ?

— Non désolé, mais je ne l'ai pas vu.

— OK je vais aller voir chez lui alors.

Il partit en direction de sa maison, il arriva devant la porte et hurla :

— Gilbert, tu es là ? Il y a quelqu'un ? Gilbert ?

Mais aucune réponse, alors il repartit retrouver sa famille pour le repas.

Une fois celui-ci terminé, il aida à débarrasser avec ses parents et au moment de rentrer dans leur maison, il dit :

— J'arrive, je vais aller voir si je vois Gilbert.

Son père lui répondit :

— Tu sais Louis, il est déjà tard et la lumière ne va pas tarder à s'éteindre.

— Tu as raison, j'irais le voir demain matin.

Après la vaisselle, ils finirent par aller se coucher.

28
Retrouvaille avec son collègue

Un matin semblable aux autres matins, Louis se réveilla et retrouva ses parents dans le salon.

— Bonjour mon fils, dit son père.

— Bonjour les parents, comment va ?

— Bonjour mon ange, dit sa mère, ça va bien et toi ?

— Très bien merci.

Ils discutèrent quelques minutes avant qu'il ne dise à ses parents :

— Je reviens, je dois aller voir Gilbert.

— Pour quoi faire ? dit sa mère.

— Que je vois pourquoi il n'était pas là hier soir avec nous à table et que je ne l'ai pas trouvé chez lui après.

— OK très bien, tu lui passeras le bonjour.

Louis se stoppa net, regarda sa mère avec un petit sourire et lui dit :

— Pas de souci Mam, je lui dirais.

Il partit rapidement pour retrouver Gilbert.

Arrivé devant chez lui, il l'appela :

— Il y a quelqu'un ?

Il l'entendit alors dans le jardin :

— Oui, c'est qui ?

— Gilbert, c'est moi, c'est Louis.

— OK, je suis là, mais viens on rentre dans le salon, tu veux boire quelque chose ?

— Non, c'est bon merci, je voulais juste savoir pourquoi tu n'es pas venu hier soir au repas, après je suis passé chez toi et tu n'étais pas là ?

— Si je suis passé et j'ai vu Marie, je ne me sens pas de la voir pour le moment, après j'ai marché.

— C'est dommage, il va falloir que tu lui parles et que tu lui expliques tout.

— Je sais bien, laisse-la venir me voir.

— Oui si tu veux, mais il va falloir lui parler.

— OK très bien, je le ferais.

Louis repartit en direction de chez lui, mais au même moment une idée lui vint à la tête.

CARLA.

L'envie soudaine de la prendre dans les bras, de la sentir et de l'embrasser ou tout du moins de la voir.

Alors il partit en direction du puits, il arriva devant et sans se poser de question, il sauta.

Il ne fut pas surpris de se retrouver à proximité de l'hôpital, alors il courut jusqu'à l'entrée et arriva directement dans la chambre.

Là il fut surpris non pas de voir que Carla qui était là, mais aussi de la présence de Nicolas, son collègue.

Elle lui dit :

— Gilbert, toi ici ?

Louis ne dit rien avant que Nicolas ne dise :

— Ah Gilbert, ravi de te voir, Carla m'a beaucoup parlé de toi.

— Salut vous deux, comment ça va ?

— Bah écoute, ça va plutôt pas mal, je te présente Nicolas, son collègue aux urgences.

— Enchanté, moi c'est Gilbert comme tu sais.

— Mais attends, c'est toi que j'ai vu il y a deux semaines, à qui j'ai appris que Louis était ici ?

— Oui, je suis démasqué, merci à toi pour l'info.

— Carla m'a raconté aussi ce qu'il se passait quand tu t'approchais du lit de Louis.

— Oui c'est super bizarre, je ne sais pas ce que cela veut dire, on a l'impression qu'il ne veut pas me voir.

— Je n'en sais rien, mais montre-moi ça.

— Regarde bien.

Gilbert s'approcha du lit de Louis et son électrocardiogramme s'affola, il recula et celui-ci ralentit.

— Alors tu as vu ?

— Oui… je ne comprends pas, c'est la première fois que je vois ça.

— Tu as vu ça, dit Carla, c'est quoi qui fait ça ?

— Alors là, je n'en sais rien du tout.

Ils restèrent là à discuter un petit peu avant que Nicolas ne décide de partir.

Après plusieurs minutes, Louis dit à Carla :

— Moi aussi je ne vais pas tarder.

— Attends, je t'accompagne, c'est l'heure de boire un café à la cafète.

— OK très bien.

Ils descendirent, passèrent devant la cafétéria et Louis réalisa qu'il n'avait pas d'argent.

— Je te laisse, je dois partir.

— Attends, dit Carla, tu veux boire quelque chose ?

— Non merci, je dois y aller.

— Reste s'il te plaît, il faut que je te parle.

— OK très bien, alors je t'écoute.

— Voilà, on ne se connaît pas depuis longtemps, mais je trouve que tu ressembles énormément à Louis, que tu as les mêmes sortes de phrase et les mêmes intonations.

— Tu trouves ? Ce qui est drôle c'est qu'on nous l'a déjà dit quand on était à l'école.

— Tu me rassures, je pensais que j'étais folle.

— Mais non, ne t'inquiète pas.

— On croirait que vous êtes frères.

— Et non, je t'assure, on est juste amis d'école, je suis désolé, mais je dois te laisser.

— OK très bien, alors bonne journée à toi.

— Bonne journée à toi aussi et à bientôt.

Puis il repartit en direction de son puits, dans lequel il sauta pour retrouver son monde.

En arrivant, il regagna sa maison et retrouva ses parents qui allaient partir pour leur moment de détente, broderie et choule comme souvent, il dit :

— Moi je vais changer et aller faire de la musique.

— Très bien, dit sa mère.

Ils partirent pour leurs moments de détentes où ils passèrent un instant convivial.

Au retour était venu le temps de la douche et ensuite de la cueillette en famille dans le jardin avant de mettre en place la table et les chaises pour le repas du soir.

Il y avait Marie, mais surtout Gilbert.

Louis remarqua qu'ils ne s'étaient pas regardés.

À la fin de ce repas copieux, tous allèrent se coucher pour une nouvelle journée.

29
Cette chanson

— CARLA !!!!

Il se redressa d'un coup dans son lit, ce fut un réveil brutal pour Louis ce matin.

— Où es-tu ?

Il réalisa où il était et se rallongea aussitôt.

La porte s'ouvrit, ses parents entrèrent en panique.

— Qu'est-ce qu'il se passe ? dit son père.

— Louis ça va, dit sa mère ?

Il se releva, regarda ses parents et dit :

— Oui, ne vous inquiétez pas, ça va bien, j'ai fait un cauchemar, ce n'est rien.

— Si c'est grave. Écoute, je suis ta mère et je n'ai jamais rencontré quelqu'un qui m'a dit avoir fait un cauchemar.

— C'est le cas je sais, je ne peux pas l'expliquer, mais c'est comme ça.

— D'accord, dit son père, on va descendre, prends le temps que tu veux pour te réveiller.

Il avait du mal à émerger, mais il se résolut à se lever et retrouver ses parents, il dit :

— Re, comment va ?

— Nous, bien contrairement à toi, dit sa mère.

— Carla c'était ta copine ? demanda son père.

— Oui, c'est bien elle, et elle me manque.

— C'est normal, mais au point de faire des cauchemars ?

— Je sais bien, qu'est-ce que tu veux que je te dise, je ne fais pas exprès de rêver d'elle ?

— Je me doute bien, mais c'est bizarre.

— Très bizarre, surenchérit sa mère.

— Je vais aller me balader un peu pour essayer de mettre mes idées au clair.

— OK, répondirent ses parents.

Il sortit avec une idée en tête, « LA » retrouver, la voir, la sentir, lui parler.

Il arriva devant le puits, sauta directement dedans, remonta et se retrouva près de chez lui.

En arrivant devant, il marqua un temps d'arrêt et se résolut à y aller quand soudain la porte s'ouvrit, c'était Carla qui sortait, elle eut un sursaut en le voyant.

— Gilbert, t'es nul, tu m'as fait peur.

— Carla, je suis content de te voir là.

— J'allais faire deux-trois courses avant d'aller à l'hôpital, tu rentres, j'irais après.

— Je ne veux pas te déranger.

— Pourquoi t'es là si tu ne veux pas me déranger alors ?

— Pas faux, à vrai dire je ne sais pas ce que je fais là, je déambulais comme ça et je passais là par hasard.

— Tu bois quelque chose ?

— Je veux bien un verre d'eau si c'est possible.

— Mais oui, si je te propose.

Ils rentrèrent tous les deux, Louis s'installa dans le canapé et Carla lui demanda :

— Verre d'eau t'es sûr, un café ou autre chose ?

— Non, juste de l'eau merci.

Elle partit en cuisine d'où elle revint avec deux verres.

— Voilà Monsieur.

— Merci à toi.

— Alors qu'est-ce que tu racontes de beau depuis hier ?

— Écoute, je n'ai pas bien dormi, et ça à cause de toi, je te vois dans mes rêves, je pense à toi toute la journée et je suis content quand je te retrouve.

— Ah… d'accord… très bien…

— Je ne te demande rien, je n'attends rien de toi, je sais ce que tu vis pour Louis à l'hôpital et tout.

— Je vais te dire, j'aime être avec toi, tu sais pourquoi ?

— Non.

— Parce que tu me fais penser à lui, tes gestes, ta façon de parler, même ta façon de respirer.

— C'est vrai ?

— Oui, Nicolas me l'a dit hier, il n'en revenait pas, il a même dit : « on pourrait croire des frères ».

— Ah d'accord, mais non malheureusement.

— De toute façon, je l'aime énormément et je suis certaine qu'il va me revenir.

— C'est tout le malheur que je te souhaite.

— Merci, j'en suis convaincu.

Ils restèrent là à discuter de la pluie et du beau temps pendant une demi-heure avant que Louis se résolut à prendre congé de Carla.

Il regagna son puits, puis sa maison avec ses parents qui étaient encore dans le salon et dit :

— Comment ça va depuis tout à l'heure ?

— Depuis tout à l'heure, dit sa mère, mais tu es parti il n'y a même pas cinq minutes.

— Ah… j'ai eu l'impression que c'était il y a plus longtemps que ça.

— Et tu fais quoi comme activité ?

— Musique pour ne pas changer.

— Très bien.

Ils parlèrent quelques minutes puis ils partirent pour leurs moments de détente.

Une fois chez Charlotte, Gilbert était déjà là, il l'invita à sortir pour lui demander :

— Tu as été voir ma grand-mère ?

— Pas encore, je compte y aller, mais je ne sais pas quand ?

— Écoute, il faut que tu y ailles.

— Oui, je vais y aller, mais tu sais on a tout le temps que l'on veut, mais avant je voudrais que tu fasses quelque chose pour moi ?

— Oui, vas-y je t'écoute.

— Tu peux lui demander si elle connaît Sarapo ?

— Sara… quoi, si tu veux je vais la questionner, mais c'est quoi ce truc, une personne, un objet ?

— Juste demande-lui et elle pourra peut-être te le dire sinon moi je te le dirais.

— D'accord très bien, je lui demande, Sarapo.

— Merci, c'est gentil.

— De rien, on doit y aller tout le monde va attendre.

Ils rentrèrent dans la maison où ils avaient commencé à jouer « *bed of roses* », une musique de Bon Jovi.

À la fin de leur set, Louis repartit chez ses parents pour prendre sa douche puis préparer ce qu'il fallait de quoi manger au repas du soir.

Tous étaient arrivés et Louis remarqua que sa grand-mère était là, il s'approcha et lui demanda de le suivre.

Une fois à l'écart, il lui dit :

— Gilbert m'a demandé de te poser une question ?

— Vas-y dis-moi, que veut-il savoir ?

— Il m'a dit de te dire, Sarapo, je ne sais pas ce que c'st, mais toi tu dois savoir.

Il remarqua qu'une larme s'était mise à couler sur sa joue.

— Mémère, que se passe-t-il ?

— Ce n'est pas vrai, il s'en souvient !

— Mais quoi, il se rappelle de quoi ?

— Théo Sarapo, un des maris d'Edith Piaf, c'est une des chansons que l'on avait tous les deux à l'époque, elle s'appelle « *À quoi ça sert l'amour* », c'est sur cette chanson que l'on s'est embrassé la première fois.

— Je vois pourquoi il voulait te poser cette question.

— Tu pourras lui dire que cela n'effacera pas tout le mal qu'il m'a fait ainsi qu'à ma fille.

— Je lui dirais, mais il avait l'air sincère en me disant ça.

— Peut-être, je vais vous croire.

— Bon tu viens on va manger ?

— Volontiers mon petit Louis.

En arrivant à table, il croisa le regard de Gilbert qui le regardait avec un sentiment de peur dans ses yeux, mais il respira quelque peu quand Louis lui fit un clin d'œil.

Ils retrouvèrent tout le monde pour passer un super moment de rigolade avec toute la famille.

Le repas se passa à merveille, tous les convives se régalèrent comme d'habitude.

Une fois que tout était rangé, Louis se retrouva avec ses parents chez eux pour faire la vaisselle.

Au moment d'aller se coucher, sa mère se retourna vers Louis et lança :

— Bonne nuit mes hommes et Louis je ne sais pas ce que tu as dit à ma mère, mais j'ai bien vu le clin d'œil que tu as lancé à Gilbert à son retour.

Puis elle monta suivi de peu par Louis et Jean.

30
Retrouvailles

« Monsieur Louis Poncelet, acceptez-vous de prendre Madame Carla Martin ici présente comme épouse ?

— Je le veux. »

Là, il se réveilla en sursaut, tout en sueur avec les yeux dans le vague.

Il se leva, arriva en bas, mais personne n'était debout, il se demanda quelle heure il pouvait être.

Il décida alors d'aller voir par la fenêtre de la cuisine.

Il fut surpris, car il était neuf heures passé, il se demanda ce qu'il allait faire en attendant dix heures : se recoucher ou rester dans le salon, à moins que…

Il se précipita dehors avec pas un chat dans le coin.

Il arriva finalement devant le puits et hésita. C'est vrai, il l'avait déjà vu tous les jours dernièrement.

L'envie était trop grande alors il s'y résolut, mais il ne pouvait pas venir encore une fois surtout après ce qu'il lui avait dit hier, alors il sauta en pensant à l'hôpital.

Il arriva devant, alla jusqu'à la chambre et entra.

Comme il s'en doutait, il n'y avait personne, alors il lui passa une idée par la tête.

Il décida d'avancer vers le lit, où son lui de ce monde était allongé et l'électrocardiogramme s'affola.

Il marqua un temps d'arrêt, il voulait voir ce qu'il se passerait s'il avançait encore un peu.

Il arriva près, mais décida d'avancer plus et au moment d'arriver tout près, un immense éclair jailli entre eux deux.

Gilbert recula, il ne comprenait pas ce qu'il venait de se passer, il continua de reculer encore et l'électrocardiogramme reprit un rythme régulier.

Il décida de sortir de la chambre, une fois arrivé devant la sortie, il vit Carla qui arrivait au loin et du coup il regagna la chambre en quatrième vitesse.

Une minute après la porte s'ouvrit, c'était elle, la femme de sa vie qui hante sa vie et même sa mort.

— Gilbert, salut, qu'est-ce que tu fais là ?

— Rien, je voulais passer le voir, je ne veux pas te déranger, je vais y aller.

— Non reste, tu es quelqu'un qui sait bien parler, quand je parle il n'y a pas grand monde qui me répond.

— Je me doute oui, je vais aller boire un café.

— Vas-y descends, j'arrive, le temps de lui dire bonjour.

— OK j'y vais alors.

Il se leva, sortit de la chambre, ferma la porte, mais pas complètement, si bien qu'il pouvait l'entendre parler :

— Bonjour mon amour, comment as-tu dormi cette nuit, ne t'inquiète pas, c'est juste pour parler, il est gentil et il me fait penser à toi, ne t'en fais pas mon cœur.

Louis partit directement à la machine à café, c'est juste à ce moment-là qu'il réalisa qu'il n'avait pas d'argent pour se payer un café et il était hors de question de demander à Carla. Il regarda autour de lui et remarqua qu'il n'y avait personne, alors il se mit à regarder dans le retour de monnaie. Il trouva justement une pièce qui lui permettait de s'en payer un et même mieux, il pouvait même en prendre un à Carla qui arriva juste à ce moment-là.

Il lui dit :

— Je t'ai pris un cappuccino sucré.

— Comment tu sais ce que j'aime ?

— J'ai deviné et pour moi ce sera la même chose, mais très sucré.

— Tu n'as pas peur au diabète toi ?

— Eh bien non, je prends mon taux régulièrement et il est toujours bon.

— Tu as de la chance, on dirait quelqu'un.

— Oui je te l'accorde, souvent on me demande si je veux du café dans mon sucre.

Ils avalèrent leur café, au moment de remonter, il prit congé de Carla prétextant d'aller voir un ami.

Il sortit de l'hôpital pour regagner son puits afin de retrouver ses parents.

En arrivant chez eux, ils étaient encore au lit, il décida de les attendre dans le salon.

Quand ils se levèrent, ils furent surpris de le voir déjà debout, son père lui demanda :

— Salut mon fils, tu es déjà là ?

— Oui, depuis cinq minutes à peu près.

— D'accord, dit sa mère, tu as bien dormi ?

— Comme un loir.

Ils restèrent là à discuter jusqu'à leur moment de détente, yoga, choule et musique.

Louis arriva chez Charlotte, dit bonjour à tout le monde avant de remarquer que Gilbert était là.

Il l'appela, ils sortirent et il lui dit :

— Est-ce que tu as été voir ma grand-mère ?

— Non toujours pas, mais demain je pense.

— Sinon tu veux que je vienne avec toi ?

— Non c'est bon, ne t'inquiète, tu sais je suis grand, je peux me débrouiller seul.

— C'est juste que ce n'est pas l'impression que tu donnes quand je te vois.

— Mais si, ne t'inquiète pas pour moi.

— Mais si justement !

— Mais non, vas-y viens, ils vont encore nous attendre.

— OK tu as raison.

Ils rentrèrent dans la maison, jouèrent quelques classiques des années 90, à commencer comme souvent par Nirvana, Red hot, Lenny Kravitz.

Un peu avant la fin de leur « set », Louis dit à ses convives :

— Désolé, je dois partir en avance, mais je vais voir quelqu'un en urgence.

— C'est grave ? lui demanda Hugo.

— Non, aucun souci, juste une question que je dois poser à quelqu'un.

— Très bien, mais une dernière avant ?

— Oui pourquoi pas, Bohemian rhapsody de Queen.

— À chaque fois, tu nous sors celle-là, dit Charlotte, t'en as pas une autre ?

— Non, je n'ai pas, dit-il avec un sourire en coin.

Ils jouèrent la chanson avant que Louis ne sorte de la maison de Charlotte, non sans avoir dit au revoir et à ce soir à tout le monde.

Il partit en direction de chez sa grand-mère qui avait repris la maison de la tante Léa, il fit un petit détour pour arriver sur le derrière de chez elle et il attendit que tout le monde sorte, surtout sa mère.

Il arriva devant et l'appela :

— Grand-mère ?

— Oui dans la cuisine.

Il entra et la retrouva en train de nettoyer et de ranger les verres utilisés plus tôt.

— Bonjour grand-mère.

— Petit Louis, comment vas-tu ?

— Très bien écoute, on a fait de la musique alors ça va.

— Bah, nous on tricote des serviettes de bain.

— OK très bien, mémère si je suis ici c'est pour te parler de Gilbert.

— Oui et que veux-tu ?

— Il n'ose pas venir te voir, je ne sais pas s'il a peur ou autre chose.

— Ohhh, il est nul celui-là.

— C'est ce que j'ai dit, pourquoi il n'ose pas ?

— Je vais peut-être aller le voir.

— Oui, si tu v…

— Il y a quelqu'un ?

C'était lui, Gilbert.

— Oui, dit Marie, on est là !

— Bonjour, excusez-moi de vous déranger.

— Tu ne nous déranges pas du tout, dit Marie.

— Moi je vais vous laisser, mes parents vont s'inquiéter de ne pas me voir.

— OK très bien, de toute de façon on se voit ce soir, allez ouste, dit Marie.

— Mais tout à fait, bisous à vous deux, je vous aime.

— À tout à l'heure, dit Gilbert.

Louis repartit pour retrouver ses parents qui étaient dans le salon.

— Bonjour, comment était votre moment de détente ?

— Très bien, dit son père.

— Moi aussi, dit sa mère, on fait…

— Des serviettes de bain.

— Mais comment tu sais ça ?

— C'est mon petit doigt qui me l'a dit.

— Non, mais vas-y dis-moi, comment tu peux savoir ça ?

— C'est par ce que je suis passé demander quelque chose à mémère et on a parlé.

— Ah très bien, je comprends mieux.

Ils discutèrent là le temps que chacun aille prendre sa douche puis firent la récolte pour le soir.

Ensuite, ils préparèrent la table, les chaises et les plats préparés plus tôt.

Ils s'installèrent pour manger, Louis fut surpris de ne voir ni Gilbert ni sa grand-mère.

Il posa la question à plusieurs personnes, mais ils lui répondirent qu'ils ne les avaient pas vus.

Après ce bon repas, ils rangèrent et se retrouvèrent chez eux et Anne lui demanda :

— Je n'ai pas vu ma mère ce soir.

— Je n'en sais rien du tout.

— Et Gilbert non plus.

Louis eut un léger sourire et ils finirent de discuter avant d'aller au lit.

31
La main dans le sac

« Monsieur Louis Poncelet, acceptez-vous de prendre Madame Carla Martin ici… »

Encore ce rêve.

Sans qu'il ne sache l'heure, il se réveilla comme une fleur, mais une fleur à qui il manque quelque chose, même s'il savait très bien ce qu'était cette chose.

C'était ELLE, sa moitié, celle à qui il a tout donné de son vivant, celle qui hante ses nuits et ses jours, Carla.

Il se dit alors qu'il allait la retrouver, il sauta du lit, regarda le cadran solaire, environ neuf heures, à cette heure elle devait arriver à l'hôpital.

Il se dirigea vers le puits, arriva devant et…

— Salut Louis.

Non, c'était encore lui, Wail.

— Toi ici ? dit Louis.

— Je te retourne la question, dit Wail, que fais-tu ici et à cette heure ?

— Rien, je me promène, je n'arrivais plus à dormir alors je me balade.

— Tu te balades, et ici, en marchant aussi vite.

— Oui, ça me fait du bien la marche rapide.

— Oui, c'est ça, je vais te croire même si je ne te crois pas trop.

— Mais si je te jure, ça me fait un bien fou.

— D'accord.

— Et toi que fais-tu là ?

— J'ai juste été faire un petit tour sur terre pour quelqu'un d'une autre famille.

— Il y en a qui te demande ça, et pour quelle raison ?

— Oh c'est une longue histoire, mais je ne manquerais pas de te raconter quand tu ne feras pas ta balade.

— Oui d'ailleurs j'y retourne de ce pas.

— OK, à ce soir alors, et bonne balade.

Sur ces mots, Louis continua son chemin, il partit entre les maisons, fit une boucle pour se retrouver à proximité du puits et là, surprise :

— Re.

— Wail, tu es encore là ?

— Oui j'avais oublié quelque chose, alors j'ai dû retourner sur terre.

— Ah OK, moi j'ai fait un petit tour et là je suis sur la route du retour.

— Très bien, alors à ce soir.

— Oui à ce soir Wail.

Et Louis repartit dans la direction de chez lui.

En arrivant, il regarda l'heure et se rendit compte qu'il était presque neuf heures dix, il s'installa dans le canapé pour attendre ses parents.

— Bonjour papa.

— Salut mon fils, déjà debout ?

— Oui, je n'avais plus envie de dormir.

Sa mère arriva également.

— Bonjour mon ange, toi déjà.

— Eh oui maman, bonjour, comment tu vas ?

— Écoute, ça va bien et toi ?

— Moi aussi merci, alors vous faites quoi après ? Choule et broderie ?

— Non, on va aller se promener ensemble ce matin, ton père veut faire une petite balade en amoureux, alors…

— Moi il faut que j'aille voir mémère ce matin, on se retrouve après votre moment de détente ?

— Oui, répondit sa mère, je vais changer, pas de broderie, même s'il faut que l'on termine les serviettes de bain que l'on voulait faire pour tout le monde.

— C'est cool ça, mais maman j'ai une question, où trouvez-vous la laine pour tricoter ?

— Eh bien alors là, c'est un secret que seul moi connais la réponse que j'ai apprise de la tante Léa et que j'apprendrais à la prochaine ancêtre.

— OK très bien, je comprends.

Ils discutèrent avant que Louis ne finît par dire :

— OK, bon moi j'y vais.

Il se leva et partit en direction de chez Marie, une fois arrivé devant, il appela :

— Grand-mère ?

Pas de réponse.

— GRAND-MÈRE ?

— Oui, dans le jardin. Qui est là ?

— Mémère c'est moi, c'est Louis.

— Oh petit Louis, comment vas-tu ?

— Très bien merci, et toi ?

— Écoutes ça va, je prends mes marques tout doucement, mais sûrement.

— Ravi de te l'entendre dire, je venais te voir pour te parler de Gilbert, il s'est passé quoi après mon départ ?

— Oh rien de spécial, on a discuté jusqu'à pas très tard, mais on a bien parlé.

— Ravi de l'entendre.

— Ah et on a fait l'amour aussi.

Immense blanc !

— Quoi, qui, quand ?

— Oui, et deux fois même, mais je ne sais pas pourquoi je te dis ça, tu es mon petit-fils.

— Oui, je vais passer au-dessus de ça, je suis très ravi de t'entendre me dire ça.

— Et moi je suis ravi de trouver quelqu'un à qui le dire, avant j'avais mes copines.

— Ça va s'arranger pour lui avec ma mère.

— Non attends, on n'en a pas discuté ensemble avec Gilbert, est-ce que cela va nous amener à quelque chose ?

— Mais vous n'avez pas discuté de ça ? Pourquoi ne pas en avoir parlé, et de quoi avez-vous discuté alors ?

— De tout et de rien, on a survolé quinze mille sujets de conversation, mais on était tellement heureux de se retrouver ensemble.

— Oui, mais quand même.

Ils restèrent là à discuter avant que Louis se décide à rentrer chez lui.

Son père était dans le salon et sa mère à la douche.

— Vous êtes déjà là ?

— Oui, ta mère voulait rentrer pour se doucher.

Sa mère arriva dans le salon.

— Louis, tu es là ? À vous, mes hommes.

— Papa, vas-y si tu veux.

— Oui j'y vais, merci.

Il partit en direction de la douche, Anne demanda :

— Comment te sens-tu niveau des insomnies ?

— Non écoute, ça va mieux, merci.

— Ravie de te l'entendre dire, ça fait plaisir.

Ils discutèrent jusqu'au retour de son père qui invita Louis à aller se doucher.

Ensuite, ils parlèrent un peu avant le petit tour dans le jardin afin de cueillir de quoi manger pour le soir.

Ils commencèrent à mettre le mobilier dehors comme plusieurs autres personnes.

Ils passèrent à table puis se mirent à manger.

Louis remarqua que ni Gilbert ni sa grand-mère étaient présents à table, ce qui le fit sourire.

Au milieu du repas, il se leva, fit mine de retourner chez lui, il fit un détour et se retrouva devant le puits.

Il était là, Wail, encore, il l'esquiva avant d'être vu. Il regagna les tables pour finir de manger, il vit Wail revenir, non sans lui jeter un coup d'œil.

Le repas se termina et tout le monde rangea.

Ils regagnèrent leur maison, à ce moment-là, Louis s'excusa sous prétexte d'aller voir quelqu'un.

Il sortit de la maison et arriva devant le puits, il était seul, personne à proximité, pas de Wail.

Il s'approcha et se dit que vu qu'il devait être environ neuf heures du soir, Carla devait être sortie de l'hôpital, il prit une grande respiration et sauta dedans.

Remonta et se rendit compte qu'il y était proche.

Il arriva devant, il vit la porte s'ouvrir et s'arrêta net quand il l'a vue sortir.

Elle leva la tête et le vit.

— Gilbert, mais que fais-tu ici ?

— Rien je me balade comme tous les soirs, je passais là.

— OK, tu te balades souvent comme ça si tard ?

— Oui, c'est souvent, ça me détend la marche rapide.

— D'accord, tu veux venir boire un café ?

Il avait envie de lui dire que c'est ce qu'il voulait plus que tout autre chose, mais cela ne se faisait pas.

— Volontiers, je terminerais après.

Ils partirent en direction de chez elle quand il lui dit :

— Non, à gauche c'est plus court.

— Quoi, non, tout droit c'est plus rapide. Mais c'est bizarre, on est déjà passé par là avec Louis et il m'a fait la même remontrance.

— C'est bizarre, mais c'est le cas !

— Je vais commencer à remettre en question mon trajet et peut-être vous écouter.

— Mais non, il faut toujours suivre ton instinct.

— C'est marrant, c'est la réponse exacte qu'il m'a faite.

— Oui c'est marrant, on fait comme tu veux.

Ils prirent à gauche et arrivèrent devant chez Carla, ils montèrent dans l'appartement.

— Tu veux quoi ? Café ?

— Non, juste de l'eau, ça m'ira très bien.

— Tu as raison, si je bois un café à cette heure-là, je ne vais pas dormir de la nuit, déjà que je ne dors pas bien depuis l'accident.

— Ah oui, vraiment ?

— Oui, ce n'est pas évident de se retrouver tout seul dans son lit du jour au lendemain.

— Je veux bien te croire, ça ne doit pas être facile.

— Non du tout.

Ils restèrent là à discuter encore quelques minutes avant que Gilbert ne lui dise :

— Je te remercie pour le verre d'eau et la discussion, il faudrait que je te laisse dormir.

— Ne t'inquiète pas, je t'ai dit que je ne dors pas beaucoup.

— OK, mais si tu sens que tu as envie de dormir tu le dis.

— T'en fais pas, je ne suis pas prête de dormir.

— OK tant mieux.

— Tu sais, je pense à un truc, je ne t'ai même pas demandé ce que tu fais dans la vie ?

Question piège, il ne l'avait pas prévue, quoi dire ?

— Alors, je suis vendeur dans une boutique en ville.

— Ah ouais et où ça ?

Deuxième question piège, il pensait qu'il s'en était bien sorti avec sa première réponse, mais non.

Et il repensa à une boutique qu'il avait vue en sortant de son puits, une toute petite épicerie de quartier, et l'idée lui parut géniale.

— C'est une épicerie au centre-ville.

— D'accord très bien, c'est super.

Ils discutèrent encore près de deux heures quand Carla lui dit :

— Oh Gilbert, tu as vu l'heure ? Il est bientôt 23 h 30, tu n'es pas fatigué ?

— Jamais quand je suis avec toi et de ton côté ?

— Non, ça va comme je t'ai dit, depuis que Louis est à l'hôpital je ne dors presque plus.

— Je peux te dire franchement de quoi je rêve ?

— Oui, vas-y.

— De toi, depuis que je te connais, je ne rêve que de toi et aujourd'hui…

— STOP, je ne veux pas savoir, ma vie c'est Louis et rien d'autre.

— Oui je sais, mais je…

— NON, stop, maintenant je vais te demander de sortir d'ici, bonne nuit.

— Excuse-moi.

Il se leva tout penaud, jeta un coup d'œil à Carla qui ne le regardait même pas, sorti de l'appartement, passa par le puits et là, il faisait encore jour, mais une deuxième surprise l'attendait :

— Louis !?

Encore lui, Wail, il se tenait à proximité du puits, trop tard il était pris la main dans le sac.

— Wail ?!

— Et je peux savoir d'où tu viens comme ça ?

— D'accord, j'ai été voir ma moitié.

— Et ça t'apporte quoi ?

— À me sentir vivant, euh, à me sentir mieux.

— Tu ne dois pas abuser de cet avantage que tu as.

— Oui je sais bien, mais je me sens mieux de la voir.

— Ah ouais ?

— Si tu ne me crois pas, demande à mes parents.

— Bon OK, je te laisse, la nuit va tomber.

— À demain alors, bonne nuit.

— Toi aussi.

Il fit demi-tour et repartit vers sa maison, quant à Louis, il retourna chez lui pour retrouver ses parents qui étaient dans le salon.

— Tiens mon fils, dit son père tu tombes bien on allait aller au lit.

— Moi j'y vais tout de suite, à demain.

— À demain mon ange, dit sa mère.

— Bonne nuit, mon fils, à demain, dit son père.

Et il monta directement dans sa chambre.

32
Accueil glacial

— Louis ?

Il ouvra les yeux et fut surpris de voir sa mère qui se tenait là juste à côté de lui.

— Hein, oui, quoi, pourquoi tu me réveilles ?

— Mais il est dix heures et demie, on commençait à avoir peur avec ton père.

— Quoi, dix heures et demie, je crois que j'écrasais du lourd dis donc.

Sa mère sourit, en se levant, elle partit en direction de la porte avant de se retourner pour dire à son fils :

— Prends ton temps, maintenant que je sais que tu vas bien je suis plus tranquille.

Puis elle sortit de la chambre.

Louis prit deux ou trois minutes pour bien se réveiller et descendit dans le salon.

— Salut mon fils, dit son père.

— Bonjour papa, comment tu vas ?

— Écoute-moi ça va, c'est plutôt à toi qu'il faut demander ça, tu ne voulais pas te lever ?

— Je ne sais pas ce qu'il s'est passé, je devais avoir du sommeil en retard !?

— Pas grave, le principal c'est que tu sois là.

— Bah oui, vous avez cru que j'allais mourir ?

— Ça, ce n'est pas drôle.

— Oui je te l'accorde, et vous faites quoi après ?

— Yoga, dit sa mère, et toi ?

— Musique, comme souvent.

Ils discutèrent quelque temps avant que Louis ne finisse par ajouter :

— J'ai oublié, Charlotte veut faire une petite surprise, mais je ne peux pas en parler, il fallait que je le dise, même si je n'ai pas le droit.

— Très bien, dit Jean, tu pourras en parler quand ?

— Très bientôt, ne vous inquiétez pas.

— Très bien alors, on attendra, dit sa mère.

— On a hâte de savoir ce que…

— Bonjour, vous êtes là ?

— Oui, dit Anne, qui est là ?

— Ta mère.

Marie entra dans le salon, elle regarda sa fille et dit :

— Alors tu ne dis pas bonjour à ta mère ?

— Maman, mais que fais-tu ici ?

— Je viens te voir pour que l'on discute un peu.

— D'accord très bien.

— Je vous laisse, dit le père de Louis, je vais aller retrouver tout le monde au terrain de choule.

— Et moi musique chez Charlotte, dit Louis.

— Très bien, dit Marie, nous on reste là.

Louis et son père partirent en direction du terrain de choule, mais un peu avant il tourna vers chez Charlotte.

Il changea de chemin et partit vers le puits, il arriva devant, prit une inspiration, sauta en pensant à Carla.

Il se retrouva près de l'hôpital, là où il voulait être.

Il rentra dans le bâtiment, arriva devant la chambre avant de frapper à la porte.

— Oui ?

C'était elle, Carla, alors il entra.

Vu la tête qu'elle fit à ce moment-là, il se dit que cela n'était pas une bonne idée.

— Que fais-tu là ?

— Je venais voir Louis, pourquoi je n'ai pas le droit ?

— Si, mais je te laisse, je vais aller me boire un café.

— Non reste là, je ne suis pas là longtemps, je…

— NON, je préfère ne pas te voir !

— Mais pourquoi ?

— Je croyais que j'avais été clair avec toi !

— Oui très, excuse-moi de ressentir des choses. Alors j'ai préféré te les dire même si je savais que l'histoire allait droit dans le mur.

— C'est certain même, je t'ai dit que Louis est toute ma vie, depuis qu'il n'est plus là je ne vis que pour lui, je suis ici avec lui, je mange à côté de lui, il n'y a que dormir que je fais loin de lui.

— Et c'est tout à ton honneur d'ailleurs.

— Je veux être là le jour où il va se réveiller.

— C'est ce que je souhaite aussi, pour lui et pour toi.

— Maintenant je te demande de partir, mais si tu veux lui parler je vais aller boire un café !

— Non reste je sors, je repasserais plus tard.

— D'accord, alors au revoir.

— À bientôt et bonne journée à toi.

— Oui !

Louis sortit de la chambre avec cette sensation d'avoir perdu quelque chose, ou plutôt quelqu'un.

Il regagna son puits ainsi que sa nouvelle « vie ».

Il arriva chez Charlotte pour faire un peu de musique avec toutes les personnes qui étaient présentes, Gilbert était présent.

Il lui fit signe de sortir et ils se retrouvèrent dehors, où Louis lui dit :

— Gilbert, comment ça se passe avec ma grand-mère ?

— On fait aller, on discute principalement.

— Vous discutez, même deux fois dans la nuit ?

— Hein, comment tu sais ça ?

— Mon petit doigt qui me l'a dit.

— Oui je le connais bien ton petit doigt, donc tu sais tout ce qu'il y a à savoir.

— Comment ça c'est tout, tu n'as rien à me dire ?

— Écoute, on discute surtout, oui on fait aussi l'amour, mais on a tellement de temps à rattraper.

— Et elle t'a pardonné ?

— Je pense que oui… deux fois quand même.

— Il faudrait qu'elle l'explique à ma mère qu'elle t'a pardonné pour que ma mère en fasse de même.

— Je vais lui en parler ce soir.

— Merci beaucoup, j'espère de tout mon cœur.

— Bon, on va jouer un peu, on nous attend.

Ils rentrèrent faire de la musique avant finalement de rentrer chez lui.

Aussitôt ils partirent à la douche puis enfin faire leur récolte du soir.

Ils installèrent table, chaises, fruits et légumes du jardin pour le repas collectif.

Durant celui-ci, Louis regarda ses parents et dit :

— Merci à vous, ça doit faire un mois que je suis là.

— C'est vrai, dit sa mère, bon anniversaire.

— Bon moisiversaire mon fils, dit son père.

À ce moment, Louis sentit l'envie de la retrouver, il se leva, se dirigea vers le puits, sauta et arriva près de l'hôpital.

Une fois devant les portes, quelqu'un sortit.

C'était Carla, quand elle vit Louis, elle fit alors un croché pour partir dans une autre direction.

— Carla ?!

Elle ne se retourna même pas.

Désabusé, il se demandait pourquoi elle faisait ça !?

Seul, envie de pleurer, il se résigna alors à retourner vers son puits et son repas avec tout le monde.

Arrivé à la fin de soirée, Louis vit alors sa grand-mère se lever, venir à hauteur de sa mère, lui chuchota quelque chose dans le creux de l'oreille, elles se levèrent et partirent à l'écart.

À leur retour, les deux avaient les larmes aux yeux.

Le repas se termina et tous rentrèrent chez eux comme Louis et ses parents.

En arrivant dans leur maison, il demanda à sa mère :

— Maman, je t'ai vu sortir de table avec mémère, je peux te demander ce qu'elle t'a dit ?

— Oui si tu veux, mais je peux ne pas répondre.

— Oh non maman, ne me fais pas ça, dis-moi.

— Je vais te dire, tu n'es pas étranger avec tout ça.

— Et elle t'a dit quoi ?

— Elle m'a parlé de Gilbert.

— Et pour quoi dire ?

— De faire un effort avec lui, mais je vais aller me coucher, la nuit porte conseil.

— Quoi ?

— À demain.

Louis et son père se regardèrent.

Elle se leva et monta se coucher, suivie de ses hommes.

33
Mais autre chose lui manquait

Réveil matinal pour Louis qui se leva, pas de bonne humeur, il descendit retrouver ses parents dans le salon.

— Bonjour les parents.

— Bonjour mon fils, dit son père.

— Bonjour mon ange, dit sa mère.

— Vous faites quoi après ?

— J'irais bien faire du yoga, et toi ma chérie ? questionna son père.

— Pas possible, on a les serviettes à terminer.

— Bon, OK, alors ça va se finir à la choule.

— Attends papa, je veux bien venir avec toi au yoga, comme ça tu me montreras.

Plus tard ils partirent pour leur moment de détente où ils enchaînèrent les différents exercices de yoga.

Mais autre chose lui manquait.

À leur retour, ils retrouvèrent sa mère qui était déjà revenue de sa broderie.

Louis lui demanda :

— Alors Mam, comment ça a été ?

— Bien, merci.

Il sentait que sa mère avait un truc qui ne passait pas et il ne savait pas quoi faire alors il lui dit :

— Oui, merci nous aussi ça a été.

Anne tourna la tête pour fixer Louis avant d'ajouter :

— Qui va à la douche ?

— Non, vas-y Mam si tu veux.

— D'accord, alors je suis partie.

À son retour Jean y alla à son tour avant que Louis n'enchaîne le pas.

Après tout cela, sa mère demanda :

— On va chercher le repas du soir ?

— D'accord mon amour dit son père.

Les hommes sortirent de la maison avant de remarquer qu'Anne n'avait pas suivi.

Mais autre chose lui manquait.

— Pourquoi elle n'est pas là ?

— Ta mère ne va pas bien.

— Pourquoi ?

— Comme tu sais, sa mère lui a parlé pour lui demander de faire des efforts avec Gilbert.

— Et c'est quoi le souci ?

— Tu sais ta mère ne vit déjà pas bien le fait qu'il soit là continuellement et de voir sa mère lui pardonner ainsi, c'est compliqué.

— Mais lui il n'y est pour rien.

— Je sais bien, laisse-lui le temps d'encaisser.

Ils cueillirent leurs fruits et légumes avant de retrouver Anne.

Louis dit à sa mère :

— Maman si mémère t'a demandé quelque chose par rapport à Gilbert, je n'y suis pour rien.

— Hein ? Tu as raison, excuse-moi.

— Tu es pardonnée.

— Merci, mais comprends-moi, j'ai l'ai découvert ici, il s'est imposé à côté de nous, j'ai dû le supporter et maintenant que ma mère est arrivée, je la vois qui passe l'éponge comme si rien ne s'était passé.

— Je suis d'accord, mais il n'a jamais tenté quoi que ce soit depuis que tu es ici, sais-tu pourquoi ?

— Non du tout.

— Commence par te demander pourquoi tu es là.

— Oui peut-être, sinon ce yoga c'était cool ?

— Énormément, c'est trop bon.

— Tu m'étonnes que ça fait du bien.

Ils discutèrent encore là quelque temps avant de retrouver tout le monde dehors.

Mais autre chose lui manquait.

Une fois le repas commencé, Anne regarda Gilbert droit dans les yeux et lui dit :

— Gilbert, je peux te poser une question qui me taraude depuis un petit bout de temps ?

— Oui, vas-y.

— Pourquoi je suis ici près de ta famille ?

— Parce que tu n'as que moi et ma famille.

Anne ne savait pas quoi répondre, elle finit par dire :

— Ah, OK, très bien, désolé.

Le repas se termina dans une drôle d'ambiance.

Une fois rentré, Louis dit au revoir à ses parents.

Mais autre chose lui manquait.

34
Pas de retour en arrière

Louis se réveilla avec une sensation d'avoir le cafard, elle lui manquait énormément, il voulait la voir.

Après quelques étirements et après avoir entendu ses parents se lever, il décida de le faire également.

Arrivé en bas, il dit :

— Bonjour les parents, comment ça va ?

— Bonjour, dit sa mère.

— Hey bonjour Louis, dit son père. Ça va et toi ?

— Bien merci, et toi Mam, ça va depuis hier ?

— Pourquoi tu dis ça ?

— Mam, j'étais là au repas.

— Ah oui, écoute ça va bien.

— Ce n'est pas l'impression que j'ai, sache que si quelque chose ne va pas, il faut le dire et ne pas le garder.

— Merci mon ange, ne t'inquiète pas, tout va aller.

— Très bien Mam, et vous faites quoi après ?

— Pour moi, dit sa mère, je vais terminer les serviettes.

— Pour moi, dit son père, choule, et toi ?

— Pour moi musique. Tiens donc, pourquoi changer ?

Ils discutèrent quelque temps avant de partir pour leurs moments.

Louis arriva chez Charlotte, après avoir salué tout le monde, il termina par Gilbert.

— Je peux te voir dehors s'il te plaît.

— Oui, pas de souci.

Une fois sorti de la maison, il lui dit :

— Comme ça va depuis hier ?

— Très bien, pourquoi tu me demandes ça ?

— Gilbert, j'étais là quand ma mère t'a posé cette question.

— Très bien, merci de t'en soucier, et pourquoi me demandes-tu ça ?

— Parce que j'ai vu ma mère ce matin et elle ne va pas super bien.

— Mais pourquoi ça ?

— Je n'en sais rien, c'est elle qui te cherche et c'est elle qui ne va pas bien derrière.

— Tu crois que je dois aller la voir ?

— Si tu veux, mais pas là, elle est à la broderie.

— Promis, je passerais.

— Quand ?

— Écoute, je ne sais pas, en quittant d'ici.

— OK, très bien et maintenant musique ?

— Oh oui.

Ils jouèrent près de deux heures des musiques de tous les temps, cela laisse plein de possibilités de musique.

En quittant, Gilbert fit un petit signe à Louis pour lui faire comprendre qu'il venait avec lui voir sa mère.

En arrivant chez ses parents, ils étaient dans le salon et sa mère en levant la tête et en voyant Gilbert eut un regard plein d'effroi, Louis ajouta :

— Ça va les parents ?

— Super mon fils, dit son père, on a bien joué.

Aucune réaction de sa mère qui n'avait même pas bougé d'un poil.

— Maman ?

— Hein ? Oui ? Quoi ?

— Ça a été ta broderie ?

— Oui ça a été très bien.

— Bah c'est cool, Gilbert est venu ici pour te voir, il voudrait te parler un peu.

— NON, je ne veux pas !

— Mais maman, il veut…

— NON !

— Mais…

— Attends Louis, dit Gilbert, ce n'est pas grave, je la comprends, laisse-la.

— Non Gilbert, dit Louis, ne laisse pas tomber.

— Si, laisse faire, je vais vous laisser, on se voit ce soir.

— Pas de souci, au revoir, dit sa mère.

— Mesdames et messieurs, à ce soir.

— À ce soir, Gilbert, dit Jean.

— Bon d'accord, au revoir, dit Louis.

Devant l'absence de réaction d'Anne, Gilbert esquissa un geste de la main avec un petit sourire et sortit.

Elle dit en se levant :

— Aucun commentaire, moi je vais à la douche !

Elle se dirigea vers la salle de bain, Louis et son père se regardèrent.

— Je crois que maman ne va pas très bien.

— J'en suis sûr et certain même, dit Jean.

À son retour, Louis partit à son tour se laver, puis vint le temps pour son père d'aller à la douche.

Il se retrouva seul avec sa mère et ne savait pas ce qu'il pouvait dire, il finit par lui demander :

— Dis, tu veux manger quoi de bon ce soir ?

— Des radis, j'ai envie de ça.

— OK.

— Et une salade, une bonne grosse verte surtout.

— D'accord, alors on va aller chercher ça.

— Et toi tu veux quoi ?

— Des fraises.

— Très bien, au retour de ton père on va y aller.

Une fois revenu de la douche, Jean demanda :

— Qui veut quoi dans le jardin ?

— Moi, dit Louis, je dirais radis et salade pour maman et des fraises pour moi.

— Exactement, dit sa mère.

— Ah ouais ! En fait, vous avez déjà vu ce que vous vouliez manger et ça sans moi, bravo.

— Mais oui, c'est ça papa, sinon toi tu veux quoi ?

— Concombre et framboise pour moi.

— Très bon choix, mon chéri, tu m'en donneras un peu de tes framboises ?

— Euh je ne sais pas, puis il esquissa un sourire.

— Alors on y va les parents ?

Ils sortirent dans le jardin pour une belle cueillette.

À leur retour, ils discutèrent du beau temps qu'il faisait chaque jour et de la pluie qui n'existait plus, jusqu'au moment de préparer le mobilier pour manger.

Tout le monde se retrouva à table, ils commencèrent le repas, à ce moment-là, Gilbert demanda à la mère de Louis :

— Anne, je te remercie de m'avoir reçu chez toi cet après-midi pour discuter.

— Ah bon, vous avez discuté tout à l'heure, dit Marie, mais quand ? Cet après-midi ?

— En rentrant de chez Charlotte, je suis rentré avec Louis et on a discuté.

— Oh, mais ça fait plaisir d'entendre ça.

— C'est ta fille qu'il faut remercier.

— Merci ma chérie, tu me fais un énorme plaisir.

Anne ne savait pas quoi dire, enfin elle dit :

— De rien maman.

Le repas se termina comme il avait commencé, tout le monde rangea et chacun rentra chez soi.

Après la vaisselle, Anne demanda :

— Louis, tu peux expliquer pourquoi Gilbert a fait ça ?

— Je n'en sais rien Mam, il faut lui demander à lui.
— Oui bah non, moi je vais coucher, à demain.
Elle monta dormir, suivie par ses hommes.

35
Un mensonge utile

— NON !!!!

Réveil en sueur pour Louis, il émergea tant bien que mal, il réalisa ce qu'il se passait.

Elle lui manquait plus que tout.

Encore et toujours elle qui revenait dans son esprit, il fallait qu'il la voie.

Il sauta du lit, il dévala les escaliers et parcourut le chemin qui le menait au puits.

Il plongea dedans en pensant à elle, il se retrouva alors près de l'hôpital.

Il entra, arriva devant la porte de la chambre et bloqua nette.

Qu'allait-il lui dire ? Comment tout cela va-t-il se passer comme la dernière fois ?

Il se décida à frapper à la porte.

— Oui, entrez.

— Bonjour Carla, c'est Gilbert.

— Ah…

— Non, je veux juste prendre de tes nouvelles.

— Je vais bien merci et toi ?

— Écoute pas grand-chose, si ce n'est que j'ai rencontré une fille.

Il n'aimait pas mentir, mais sur le moment il se dit que c'était un mensonge utile.

— C'est cool pour toi, vas-y rentre, et comment elle s'appelle ?

Il ne savait quoi lui répondre, alors il inventa :

— Anne, son prénom c'est Anne.

— Très bien, tu l'as rencontrée où ?

— Dans les bois, je me baladais.

— Mais c'est cocasse cette histoire, dis-moi.

— Je ne te le fais pas dire, je me promenais, je suis rentré dans un bois et je l'ai rencontrée.

— C'est rigolo, et elle faisait quoi dans ce bois ?

— Des photos.

— C'est cool pour toi.

— Et sinon, il y a des nouvelles pour Louis ?

— Non pas du tout malheureusement.

— Ça ce n'est pas cool par contre.

— Je ne te le fais pas dire.

Ils restèrent là à discuter quelques minutes avant que Gilbert ne dise :

— Je vais te laisser, je dois retrouver Anne.

— Très bien, bonne journée alors.

— Toi aussi bonne journée.

Il quitta l'hôpital pour retrouver son puits, mais également sa maison.

En arrivant, il regarda l'heure, il était presque 10 heures, il attendit ses parents qui ne devaient pas tarder de se lever.

Il rangea un peu la maison quand il les entendit sa mère qui descendait en premier.

— Bonjour Mam.

— Tiens, bonjour Louis, comment vas-tu ?

— Très bien et toi ?

— À merveille merci.

Son père descendit l'escalier.

— Bonjour papa.

— Salut mon fils, ça va ?

— Bah oui et toi ?

— Toujours très bien merci.

— Vous faites quoi après ?

— Je ne sais pas, avec ton père on hésite encore, yoga ou promenade en amoureux.

— D'accord, comment allez-vous v…

— Y a quelqu'un ?

— Oui, ici, dit son père.

— Anne c'est moi, c'est ta mère.

— Maman ? Mais que fais-tu là ?

— Bonjour tout le monde, ma fille, je suis passé te voir comme ça, pour te faire un petit coucou.

— Très bien, bon ben, je crois, chéri, qu'on a la réponse à notre question, je sais ce que je fais.

— Et moi je vais aller à la choule.

— Et moi faire un peu de musique alors, à plus.

Puis il partit chez Charlotte pour retrouver tout le monde et faire un peu de musique.

À son retour, il retrouva sa mère toujours en compagnie de sa grand-mère dans le salon.

— Rebonjour vous deux.

— Tiens mon fils, déjà ?

— Petit Louis, ça va ?

— Oui ça va bien et vous, papa n'est pas là ?

— Non toujours pas. Ah bah tiens il arrive.

Son père entra dans la pièce au même moment.

— On parle de moi ?

— C'est juste moi qui demandais si tu n'étais pas rentré ou déjà parti à la douche.

— Non, le match était plus long que d'habitude.

— OK d'accord, et c'était bien ?

— Trop, le dernier qui marquait gagnait le match et le but a été très long à venir.

— Moi je vous laisse, je vais rentrer chez moi pour prendre ma douche, dit Marie.

Elle rentra dans sa maison.

Louis demanda :

— Ça va, Mam ?

— Oui ça va bien, merci.

— C'est cool ça, qui va à la douche alors ?

— Tu peux y aller si tu veux, fils.

— OK, j'y vais.

Il y alla suivi par son père et enfin par sa mère.

À son retour, ils allèrent dans le jardin pour faire leur cueillette quotidienne.

Ensuite, ils mirent en place la table, les chaises et ce qu'ils avaient cueilli afin de manger.

Ils s'installèrent jusqu'au moment où Louis fût surpris d'entendre sa mère demander :

— Gilbert, tu peux me passer les concombres ?

— Oui volontiers.

Il ne releva pas, mais il fut surpris et content d'entendre sa mère lui parler.

Le repas se termina comme à son habitude, dans la bonne humeur et la rigolade.

Tous rangèrent et rentrèrent chez eux, puis ils allèrent se coucher.

36
Un gros stop

Réveil en douceur ce matin, mais elle lui manquait.

ELLE !

Elle, avec son doux parfum et son petit sourire.

Même s'il l'avait vue il n'y a pas longtemps, ses bras lui manquaient plus que tout.

Il entendit ses parents descendre l'escalier, alors il se résolut à se lever à son tour.

Il discuta avec ses parents, prétexta une excuse bidon pour sortir, il se dirigea en direction du puits.

Il sauta dedans afin de se retrouver comme à son habitude près de l'hôpital.

Il entra, arriva devant la porte de la chambre.

Il frappa et entendu :

— Oui ?

C'était elle, l'amour de sa vie, il réalisa qu'elle était avec lui, étendu dans son lit, le vrai lui, il n'était qu'un autre, il se sentit mal, mais il entra.

— Bonjour Gilbert.

— Bien le bonjour, Carla, comment vas-tu ?

— Oui ça va !

— Super, je passais voir si tu allais bien ?

— Oui ça va !

— D'accord, et pour Louis il y a des nouvelles ?

— Non !

— Ah très bien.

— Je vais te laisser je vais boire un café !

— C'est moi qui te fais fuir ?

Pas de réponse, tandis qu'elle se leva en attrapant son sac à main.

Il bondit de sa chaise et lui dit :

— Carla que se passe-t-il, dit moi s'il te plaît.

Mais elle ne répondit pas en se dirigeant en direction de la porte pour sortir de la chambre.

— CARLA !!

Il lui attrapa le poignet, la tira vers lui ;

— Carla, dis-moi s'il y a quelque chose qui ne va pas. Dis-le-moi s'il te plaît.

— Il n'y a rien, je vais juste boire un café.

— Arrête ça tout de suite, je te connais, je sais quand quelque chose ne va pas !

À ce moment-là, elle leva les yeux, le regarda.

— D'où tu me connais, ça fait trois semaines qu'on se connaît alors ne dit pas que tu me connais !

— J'ai l'impression de te connaître depuis bien plus longtemps que ça.

— NON, ne dis pas ça !!

— Pourquoi, dis-moi !

— Non, je ne peux pas, encore moins ici.

— Tu veux qu'on sorte de la pièce ?

— Non j'ai peur de ce que je vais bien pouvoir te dire et je n'ai pas le droit de te parler comme ça !

— Me dire quoi, vient, on va dehors.

— NON !

— SI !!

Il la tira par le bras pour sortir de la chambre.

— Alors, dis-moi.

— Je n'ai pas le droit de ressentir ça pour quelqu'un d'autre que Louis, je l'aime lui, je sais qu'un jour ou l'autre il va me revenir.

— Mais j'en suis convaincu aussi, tu verras.

— Je ne vis que pour lui, depuis que tu es arrivé, je pense énormément à toi.

— Je dois t'avouer que moi aussi je pense souvent à toi, je suis heureux quand je sais que je vais venir te voir.

— Mais je n'ai pas le droit de ressentir ça pour un autre homme que Louis !

— Je te comprends.

— En plus tu me fais penser à lui, tes manières, ta façon de parler, de bouger, c'est fou comme tout de toi me fais penser à lui.

Il ressentait le besoin de lui dire, lui expliquer que c'était vraiment lui et ce qu'il voulait le plus c'était de la serrer dans ses bras.

— Si tu veux, je vais me faire violence, mais je ne viens plus ici, si ça te fait du mal.

— Oui s'il te plaît.

— Très bien, alors je viendrais rarement pour voir comment il va.

— Et moi j'irais boire un café à ce moment-là.

Il lâcha sa main.

— Si tu veux, on fait comme ça, mais reste ici je dois y aller.

Il sortit de l'hôpital en pleurant toutes les larmes de son corps.

Il retrouva son puits, y sauta pour retrouver sa forêt ainsi que la maison de ses parents.

En arrivant, ils étaient encore dans le salon, sa mère le regarda et vit qu'il avait pleuré, elle lui dit :

— Fils, qu'est-ce qu'il t'arrive, tu as pleuré ?

— Non t'inquiète, c'est juste que j'ai pris de la poussière dans les yeux en rentrant.

— Ah d'accord, très bien, alors tu fais quoi là ?

— Musique chez Charlotte et vous ?

— Nous après notre séance de yoga raté d'hier, dit son père, on s'est dit qu'on allait faire une promenade tous les deux en amoureux.

— Très bien, c'est cool ça.

Ils discutèrent là encore quelque temps avant de partir pour leurs moments de détente.

À leur retour, ils allèrent chacun à leur tour à la douche, après ça, Louis demanda :

— Mam, tu veux manger quoi ?

— Des fraises, des bien mûres.

— Et toi papa ?

— Des tomates, et toi ?

— Concombres et des poires.

— Alors c'est parti, tous dehors.

Ils partirent faire la cueillette dans le jardin.

Ils installèrent enfin tout afin de prendre le repas, qui se passa très bien.

Après le rangement, ils allèrent se coucher.

Louis n'était pas bien.

37
Un seul être vous manque

Réveil le matin comme d'habitude, Louis n'était pas très bien :

ELLE LUI MANQUAIT.

Il décida de se lever pour retrouver ses parents qui étaient déjà debout.

— Bonjour mon ange, lui dit sa mère.

— Bonjour mon fils, comment va ? dit son père.

— Hein… euh oui, bonjour à vous.

— Et comment ça va ? enchérit son père.

— Ça va.

— Oui, nous aussi ça va.

— Hein… pardon, comment ça va ?

— Bien fils, qu'est-ce que tu as ? dit sa mère.

— Bah rien, ça va, comme d'hab.

— À d'autres, depuis ton retour hier que soi-disant tu avais pris de la poussière dans les yeux, je vois bien qu'il y a un truc qui ne va pas.

— T'inquiète !

— À qui tu veux, mais pas à moi, je suis ta mère quand même, qu'y a-t-il ?

— Ça va, je te dis !

— OK d'accord si tu veux.

— Merci, je te dis que tout est OK.

— D'accord, alors vous faites quoi après ?

— Choule, dit son père.

— Musique, dit Louis.

— Et pour moi ça sera… broderie comme d'habitude… eh oui.

Ils restèrent à discuter plusieurs minutes avant leur départ pour leurs moments de détente.

Il arriva chez Charlotte, presque tous étaient là, mais les derniers arrivèrent au compte goûte.

Ils jouèrent quand tout à coup, Gilbert stoppa net, regarda Louis pour lui dire :

— Il t'arrive quoi, Louis, tu es avec nous ?

— Hein, euh oui, je suis avec vous pourquoi ?

— Tu rates une note sur deux !

— Désolé, je vais me reprendre.

— Très bien alors, c'est reparti, mais dis-moi, tu veux quelque chose en particulier ?

— Je voudrais me faire un petit « come as you are » de Nirvana.

— OK, alors on repart là-dessus.

Ils recommencèrent à jouer la chanson demandée par Gilbert.

À la fin de leur set, au moment de partir, Gilbert le rattrapa et lui demanda :

— Il t'arrive quoi, on dirait que t'es ailleurs ?

— Oui, mais t'inquiète, ce n'est pas grave, comme d'habitude ça va passer.

— Si tu as quelque chose, tu peux me le dire sans problème.

— Oui je le sais bien, mais ça va aller.

Puis il partit pour retrouver ses parents.

Il voulait faire un crochet vers le puits, mais il pensa à Carla et à ce qu'elle lui avait dit. Alors en arrivant devant il se résolut à faire demi-tour.

Il repartait en direction de sa maison, mais il fit un arrêt chez Wail qui rentrait à l'instant.

Il vit Louis, lui lança un grand sourire qui resta sans réponse, alors il lui demanda :

— Qu'est-ce qu'il se passe, ça ne va pas ?

— Elle me manque !

— Qui ? Ah oui, je comprends.

— Je pense à elle tout le temps. Pourquoi je suis ici alors que je ne suis pas mort en vrai.

— Oui je te comprends, j'aimerais pouvoir te répondre, mais je ne l'ai pas cette réponse.

— Alors qui peut me le dire ?

— Je n'en sais rien.

— Mais il y a qui au-dessus de toi ?

— Il n'y a personne, mis à part moi.

— N'y a-t-il pas un moyen pour que je retrouve ma vie d'avant, mais aussi celle que j'aime ?

— Je n'en sais rien, je t'ai dit que je n'avais jamais eu une telle histoire avant.

— Et pourquoi quand je suis allé me voir à l'hôpital l'électrocardiogramme s'est emballé ?

— Je n'en sais pas plus, désolé.

— Si je reste là-bas plus de 24 heures tu penses qu'il se passe quoi ?

— Pour ça j'ai une réponse, si tu y restes plus longtemps, tu te retrouves directement en insecte, c'est mon prédécesseur qui l'a dit.

— AAAAHHHHH, mais comment faire ?

— Je n'en sais rien, c'est tout nouveau pour moi.

— OK, je vais retrouver mes parents alors.

— C'est le mieux à faire, bonne journée.

— À toi aussi.

Il retrouva ses parents dans leur maison.

Ils discutèrent avant d'aller à la douche.

À leur retour, ils partirent dans le jardin pour la récolte du soir.

Anne avait de bonnes grosses tomates et des fraises, Jean quant à lui des haricots et des pêches, et pour Louis c'était des radis et des cerises juteuses.

Tout le monde installa les tables et les chaises et ils arrivèrent avec leurs récoltes.

Au moment de passer à table, Gilbert regarda Louis et lui lança :

— J'espère que tu vas mieux ce soir ?

— Oui ça va bien, merci.

Sa mère regarda les deux hommes et dit :

— Ah tu vois, Louis, je ne suis pas la seule à trouver que tu es bizarre aujourd'hui.

— Oui, dit Gilbert, moi aussi je ne l'ai pas senti dans son assiette cet après-midi.

— Merci, Gilbert, lança sa mère, à la très grande surprise de Louis.

— Mais non, ça va aller, ne vous inquiétez pas.

Le repas se finit dans une drôle d'ambiance.

Tout le monde rangea tables et chaises et tous finirent par aller se coucher.

ELLE LUI MANQUAIT.

38
Je prends le risque

Louis ouvrit les yeux, il la voyait encore, alors il décida d'aller la voir…

Il se leva, descendit, regarda l'heure, il était environ 9 h 40, il sortit, passa à côté des maisons pour arriver devant le puits.

Il l'imagina, sauta dedans et se retrouva à proximité de l'hôpital.

Il entra, arriva devant la porte de la chambre, il repensa aussi à la réaction de Carla la dernière fois qu'il était venu.

Il se demandait s'il faisait bien d'être là.

Il prit une profonde respiration, il leva la main pour frapper quand la porte s'ouvrit.

Carla fit un bond en arrière en même temps que lui.

— Euh, dit-elle.

— Oh, bonjour, tu m'as fait peur.

— Gilbert, que fais-tu là ?

— Je passe pour voir comment il va.

— Pas de news, c'est comme d'habitude, mais vas-y rentre, moi je vais boire un café.

— Non, reste là, je passais en coup de vent, j'ai un rendez-vous à 10 h 30.

— D'accord, mais j'allais pour en boire un.

— D'accord, si tu veux bien je vais descendre avec toi.

— Oui pas de problèmes.

Ils arrivèrent à la cafétéria, l'ambiance était à couper au couteau, elle dit :

— Vas-y, je t'invite.
— Volontiers merci, cappuccino très sucré.
— Ça marche
Il tenta une approche :
— Et toi comment tu vas ?
— Écoute, la routine, maison-hôpital-maison.
— Ce n'est pas trop difficile ?
— Oh non, le temps que je suis en sa présence.
— Très bien.
— Et toi comment ça va avec… Anne, c'est ça ?
— On fait aller.
Après le café, Carla lui dit qu'il était temps qu'elle le retrouve.

Louis la regarda partir avec cette envie de la rattraper pour la serrer dans ses bras.

Mais de la voir lui avait fait énormément de bien, il se résolut à repartir en direction de son puits.

Une fois de retour dans son monde, il sortit du puits pour retrouver ses parents qui n'allaient pas tarder à se lever.

Il se servit un verre d'eau et s'installa dans le canapé pour attendre ses parents.

Sa mère se leva la première, une fois en bas, il lui dit :
— Bonjour Mam, comment ça va ?
— Bonjour mon ange, ça va très bien et toi ça va ?
— Écoute ça va plutôt pas mal.
Son père se leva à son tour.
— Bonjour vous deux.
— Bonjour mon chéri, dit sa mère.
— Bonjour papa, comment ça va ?
— Très bien merci et vous ?
— Ça va, dit Louis.
— Bien, dit sa mère.
— Cool, alors vous faites quoi après ?
— Broderie, dit sa mère.
— Toi qu'est-ce que tu fais, demanda Louis ?

— Choule va.

— J'ai bien envie d'aller avec toi pour me dépenser un petit peu.

— Mais c'est super, mon fils.

Ils restèrent là à discuter dans le canapé pendant un peu plus d'une heure avant de partir pour leur moment de détente.

En arrivant sur le terrain de choule, Louis retrouva tous les joueurs habituels.

Il passa un très bon moment de rigolade où il put se dépenser sans compter et faire ressortir toute la rancœur qu'il avait subie à cause de Carla.

Tous les deux rentrèrent dans leur maison pour retrouver Anne.

Louis demanda à ses parents :

— Est-ce que je peux aller à la douche en premier, je voudrais voir Wail.

— Oui si tu veux mon chéri, dit sa mère.

— Merci Mam.

Il partit pour se doucher, à son retour, il invita ses parents à prendre le relais avant de partir.

Une fois arrivé devant chez Wail, il appela :

— Wail, tu es là ?

— Oui dans le salon, qui est là ?

— Salut, c'est Louis, comment vas-tu ?

— Bonjour Louis, ça va très bien et toi ça va ?

— Oui, ça va plutôt pas mal. Dis-moi, je vais insister sur ce qu'il pourrait se passer ?

— Tu es encore avec ça, je te dis que ce n'est pas une très bonne idée.

— Perso qu'en penses-tu, si je vais me voir sur mon lit d'hôpital qu'est-ce qu'il va se passer ?

— Je n'en sais rien, je t'ai dit.

— Je veux essayer !

— Non, tu vas te retrouver changé en insecte.

— Je prends le risque, si c'est la seule façon de la revoir, alors je prends le risque !

— T'es fou, moi je te le dis.

— Je prends le risque !

Ils se quittèrent sur ce moment de tension entre eux, suite à cela, Louis regagna sa maison pour retrouver ses parents.

Après ça ils partirent récolter dans le jardin.

Puis, ils installèrent tout le mobilier.

Enfin, ils passèrent à table pour le repas qui se passa très bien comme de coutume.

Les convives rangèrent avant de rentrer chez eux.

Finalement, ils allèrent se coucher après une journée qui s'était très bien passée.

39
Une grande avancée

Louis se réveilla encore une fois en sursaut, il ne savait pas s'il avait dormi, mais vu la lumière du jour qui passait depuis la fenêtre, il se doutait que oui, quelle heure était-il ?

Il se leva pour voir.

Il regarda par la fenêtre du couloir, neuf heures vingt passés.

Ses parents ne devaient se lever que dans plus de trente minutes.

Il hésitait, il ne savait pas s'il devait y aller, mais surtout qu'allait-il se passer s'il approchait de lui-même sur son lit d'hôpital.

Il avait quand même envie, très peur également, mais est-ce que cela n'était pas la seule chance pour lui de retrouver l'amour de sa vie.

Alors il partit en direction du puits au travers des maisons.

Il arriva devant, commença à vouloir rentrer dedans et là, surprise :

— LOUIS !

À sa grande surprise, il se retourna.

— Wail, tu m'as fait peur.

— Et où vas-tu comme ça ?

— Hein, euh, là je vais la retrouver.

— Pourquoi ?

— Pourquoi quoi ?

— Pourquoi la retrouver ?

— Euh, parce que je l'aime !

— Oui, mais pas elle, elle ne t'aime pas toi, mais celui qui est étendu sur ce lit d'hôpital.

— Je sais bien, mais moi c'est elle que j'aime.

— Mais elle, elle ne t'aime pas !

— Tu as raison, je crois que je vais t'écouter et je rentre.

— Très bonne idée.

Louis se résigna et fit demi-tour pour retrouver sa maison et attendre que ses parents se lèvent.

Et ils finirent par se lever.

— Bonjour les parents.

— Salut Louis, dit son père.

— Bonjour mon ange, dit sa mère, tu fais quoi après ?

— Musique tiens, on répète un morceau un peu compliqué que l'on n'arrive pas à jouer.

— Et c'est quoi que vous répétiez, dit son père ?

— Hôtel California d'Eagles.

— Ah bon c'est compliqué à jouer ?

— Oui, surtout le solo et l'harmonisation des deux guitares.

— OK bah alors bon courage à vous.

— Merci, mais ça va aller.

Ils discutèrent là pendant près d'une heure avant de partir pour leurs moments de détente.

En arrivant, Louis retrouva tous ceux qui étaient déjà arrivés, dont Gilbert, qui lui demanda :

— Louis, je peux te voir après s'il te plaît ?

— Pourquoi pas maintenant ?

— Écoute, on est tous là, on peut voir ça après.

— Si tu veux, c'est parti pour notre morceau.

— Oui, on va réussir aujourd'hui.

Ils s'installèrent pour faire de la musique et plus particulièrement ce morceau qui leur posait problème, mais pas insurmontable.

Au moment de se quitter, Louis se retourna vers Gilbert et lui demanda :

— Tu voulais me parler ?

— Oui, vas-y viens dehors.

Ils sortirent de la maison.

— Alors voilà, je voulais te demander : tu penses que si je vais trouver ta mère pour lui parler, elle va être contente ?

— Je ne sais pas, tu as vu l'autre jour ?

— Oui, je ne veux pas que cela se reproduise.

— Alors là je ne peux pas te dire, tu sais avec elle quand on parle de toi elle monte vite dans les tours.

— Oui, mais regarde, hier à table elle m'a bien parlée.

— C'est vrai aussi…

— Je ne sais pas quoi faire, tu ferais quoi toi ?

— Je n'en sais rien du tout, mais alors là du tout, c'est compliquer ton truc, moi je pense qu'il ne faut pas avoir peur de prendre des risques, vas-y fonce.

— Alors je fais ça, ce soir à table je lui demande si elle veut bien que l'on discute.

— C'est trop cool ça !

— Oui, j'espère qu'elle va vouloir.

Ils se quittèrent pour retrouver leurs maisons.

En arrivant chez lui, il retrouva ses parents dans le salon, il remarqua également que sa mère avait les yeux bouffis.

— Mam, qu'est-ce que tu as ?

— Rien ça va, on vient de discuter avec ton père, mais ça va aller maintenant.

— Mam, je croyais qu'il n'y avait aucune raison de pleurer ici, pourquoi tu pleures ?

— On discutait de Gilbert.

— Et ?

— Et je disais à ton père que de le voir avec ma mère et qu'elle a l'air heureuse, je ne sais plus quoi penser ?

— As-tu envisagé d'essayer de lui parler ?

— C'est exactement ce qu'on se disait avec ton père, on est arrivés à cette conclusion.

— Mais c'est super cool ce que j'entends.

— Je pense que je vais lui demander au moment du repas s'il veut bien discuter.

— Il va être super content et ta mère également.

— On verra bien, je ne sais pas ?

— On va déjà aller à la douche, et moi après je vais cueillir des framboises et de belles pommes vertes.

— Non moi tu sais de quoi j'ai envie ce soir, j'ai une énorme envie de raisin.

— Oh oui du raisin, c'est trop bon.

— On verra ça après notre douche, qui va y aller en premier alors ?

— Moi je m'en fiche, dit son père.

— Bah vas-y en premier, Mam, on y va après.

Elle se leva pour aller se laver, non sans avoir fait un bisou à son mari.

— Papa, je te laisse deux minutes, je dois aller voir Gilbert, il veut parler à maman au repas de ce soir, mais je voudrais avancer la rencontre.

— C'est cool ça, ta mère va être contente.

— Oui, c'est ce que je me dis, alors je vais le chercher.

Il se leva, sortit et prit la direction de la maison de sa grand-mère, vu que Gilbert vivait avec elle.

— Y a quelqu'un ? Mémère ? Gilbert ?

— Oui au salon, c'était sa grand-mère.

— Bonjour grand-mère, pépère est dans le coin ?

— Oui il est à la douche, mais il y est depuis déjà un petit moment, il ne devrait pas tarder.

— Je suis là, qui me demande dit Gilbert ?

Il entra dans la pièce.

— Oh Louis, qu'y a-t-il ?

— Gilbert, il faut que je te demande de venir chez moi pour voir ma mère.

— Hein pourquoi ?

— Parce qu'elle veut te parler au repas de ce soir, je voudrais avancer cette discussion.

— C'est très bien cela et tu sais ce qu'elle veut me dire ?

— Non je n'en sais rien, mais je pense que c'est bon signe, je connais un peu ma mère.

— Alors c'est parti, p'tit cœur ça ne te dérange pas ?

— Non vas-y fonce si tout s'arrange c'est cool.

Ils sortirent rapidement pour retrouver Anne.

En arrivant, sa mère était encore à la douche, Gilbert s'installa dans le canapé, il regarda Jean et lui dit :

— Est-ce que tu sais pourquoi ma fille veut me parler ?

— Oui, mais je préfère qu'elle te le dise.

— Oui, je comprends.

— Mais c'est bien ou c'est mal ? dit Louis.

— Disons que bien des choses peuvent s'arranger après.

— Donc c'est bien alors.

— Peut-être.

— Écoute-moi, je vais aller dans le jardin pour chercher du raisin.

À son retour, son père et Gilbert rigolaient ensemble.

— Je vois que ça rigole bien tous les deux.

— Oui, comme je connais les histoires qui se passent quand vous faites de la musique, je lui raconte des trucs arrivés à la choule.

— Très bien, c'est vrai qu'il t'en arrive des…

— Qui est là ?

C'était Anne qui revenait de la douche.

Elle stoppa net quand elle vit Gilbert.

— Mais que fais-tu ici ?

— Mam c'est moi qui ai été le chercher, il voulait te parler ce soir et tu voulais lui parler ce soir, alors je me suis dit que je devais avancer le rendez-vous.

— Mais je dois cueillir du…

Elle vit le raisin que Louis avait été chercher.

— Bon OK, je crois que je n'ai rien à dire alors.

— Mais c'est tout à fait ça Mam.

— Gilbert, tu veux bien que l'on aille dehors ?

— Mais c'est avec plaisir.

Anne et Gilbert sortirent ensemble de la maison.

— Bon papa, tu vas à la douche ?

— Oui je veux bien, merci.

Il y partit, revint avant que Louis n'y aille à son tour.

Pas de trace de sa mère.

À ce moment-là il dit à son père :

— Elle n'est pas encore revenue, on va aller chercher des fruits et légumes pour nous ce soir.

— Oui je crois bien, tu sais ce qu'ils se disent ?

— Mais alors là, pas la moindre idée, dit Louis.

— J'aurais pensé qu'il t'en avait parlé quand vous faites de la musique ensemble.

— Eh bien, même pas.

Ils sortirent dans le jardin cueillir quelques fruits et légumes pour le soir.

Ils installèrent la table et les chaises avant de rapporter les fruits et légumes fraîchement récoltés un peu plus tôt.

Anne revint avec Gilbert sans montrer le moindre signe sur ce qu'ils s'étaient dit tous les deux.

Puis ils finirent par passer à table avec tout le monde.

À un moment en plein milieu du repas, Louis demanda à sa mère :

— Mam, on a plus de fraises ?

— Si, elles sont là-bas, à côté de Gilbert, papa, tu peux passer les fraises à Louis s'il te plaît ?

Il bloqua littéralement.

— Tien petit Louis.

Louis bloqua encore une fois, les prit et dit :

— Merci pépère.

Ils terminèrent le repas et rangèrent tout.

Une fois chez eux, Louis regarda sa mère et dit :

— Mam, merci pour le papa que tu as dit à Gilbert pendant le repas.

Elle le regarda, lui fit un clin d'œil avec un sourire.

— T'as vu ça.

— Bah oui j'ai vu.

Puis ils montèrent se coucher.

40
Soirée en musique

Louis ouvrit les yeux et ressentit cette sensation mitigée entre celle procurée par sa mère avec ce qu'il s'était passé hier soir lors du repas et cette satanée sensation de son être chère qui lui a demandé de ne plus pouvoir aller la voir.

Mais que faire ?

Il se leva pour retrouver ses parents dans le salon, ils avaient un grand sourire.

— Bonjour les parents.

— Bonjour mon ange d'amour, dit sa mère.

— Bonjour mon fils, dit son père.

— Comment allez-vous ?

— Très bien, oh oui très bien, répondit sa mère.

— Moi aussi, enchérit son père.

— Moi je ne sais pas j'ai comme quelque chose qui me manque, comme si un malheur venait obscurcir cette clarté qui est présente.

— Ouah tu es philosophe fils, dit son père.

— Oui je crois qu'il y a des matins comme ça.

— Je vois bien.

— Sinon vous faites quoi ce matin ?

— Yoga, dit sa mère, je vais faire du yoga avec ton père et je crois que ta grand-mère va venir.

— Faire du yoga avec vous ?

— Oui elle m'a dit ça hier soir.

— C'est cool ça.

— Peut-être que Gilbert va venir aussi, ajouta-t-elle.

— Oui, on n'a pas trop besoin de lui en ce moment avec hôtel California que l'on n'arrivait pas à faire, mais maintenant on la passe.

— C'est cool, et toi tu vas faire quoi ?

— Musique quand même.

Tous partirent pour leur yoga ou bien pour faire de la musique, il partit entre les maisons et devant chez Wail.

Il ne savait pas s'il pouvait faire quelque chose loin de celle qu'il aime.

Il se retrouva devant le puits, allait-elle encore le recaler ?

Mais il voulait la voir !

Il sauta soudainement en pensant à elle.

Bien entendu, il se retrouva à côté de l'hôpital, il entra et se dirigea vers la chambre, frappa à la porte.

— Oui, entrez ?

C'était elle, son cœur se retourna, il entra.

— Gilbert ?

— Bonjour Carla.

— Que fais-tu là ?

— Je passais comme ça.

— OK, je vais aller boire un café alors.

— Non reste, je ne suis pas là longtemps.

— Mais je t'ai dit que je ne veux plus te voir !

— Moi je veux savoir comment vous allez ?

— Louis comme tu peux voir est toujours dans son lit, je crois qu'il n'a pas bougé depuis la dernière fois.

— Et toi ?

— Qu'est-ce que ça peut te faire ?

— C'est juste pour savoir.

— Et qu'est-ce que ça peut te faire ?

— Je trouve ça triste ce qu'il t'arrive et c'est beau ce que tu fais de rester là.

— Et qu'est-ce que ça peut te faire ? troisième fois que je te demande.

— Rien, mais je me fais du souci pour toi, c'est tout. Pourquoi es-tu comme ça avec moi ?

— Je t'ai dit que je n'ai la tête que pour Louis.

— Je sais bien, mais on discute juste, je ne te demande rien de plus.

— Je sais le fond de tes pensées.

— Mais non, je n'attends rien de toi, je sais que tu aimes Louis et que tu attends son réveil.

— Ça va venir, prochainement même !

— Je te le souhaite de tout mon cœur.

— Oui, ça va arriver !

Elle se leva, passa à côté de lui, il ne put s'empêcher de l'attraper par le poignet.

— Attends, pourquoi tu me fais ça ?

— Laisse-moi, s'il te plaît !

— Regarde-moi, pourquoi tu me fuis ?

— Écoute-moi, je ne voulais pas te le dire, mais je pense beaucoup à toi.

— Quoi ? Mais ?

— Oui, je ne veux plus te voir parce que je pense énormément à toi.

— Mais pourquoi tu ne me l'as pas dit ? Je comprends mieux, avec l'autre à côté.

— L'AUTRE ? Mais je l'aime plus que tout !

— Je comprends, mais si je te dis que je vais emménager avec Anne est-ce que ça peut t'aider ?

— Avec ta copine ?

— Oui prochainement.

— C'est bien pour toi.

— Merci, je suis tellement bien avec elle.

— D'accord, mais je préfère que tu évites de venir trop souvent ici quand même.

— Comme tu veux, je vais éviter au maximum.

— Merci à toi, je préfère fortement.

— D'ailleurs je te laisse, je dois la retrouver pour aller faire des courses.

— OK, alors passe une bonne journée.

— Merci, toi aussi, et je ne te dis pas à bientôt, mais je passerais régulièrement quand même pour prendre de ses nouvelles.

— Le mieux c'est de demander à l'accueil ou même au bureau des infirmières.

— Très bien, j'ai compris. Alors, bonne journée.

— Oui.

Il quitta la chambre, fondit en larmes en descendant à l'entrée de l'hôpital.

Il regagna son puits, sauta dedans pour retrouver son monde avec ses parents.

Il arriva chez Charlotte afin de faire de la musique, il remarqua que Gilbert n'était pas là, ce qui aurait pu le faire doucement sourire si son cœur le lui disait.

Il les quitta deux minutes et décida de passer voir Wail, en arrivant devant chez lui il demanda :

— Wail ? T'es là ?

— Oui je suis là, rentre Louis.

Il entra et arriva dans la cuisine, il demanda :

— Tu fais encore ta vaisselle pour changer, mais comment savais-tu que c'était moi ?

— Parce qu'avec ce qu'il s'est passé hier soir je me doutais que tu allais passer me voir.

— C'est vrai, et pourquoi je passerais pour ça ?

— Mais non je rigole, j'ai juste reconnu ta voix c'est aussi simple.

— Je préfère ça, j'allais dire que je ne t'ai même pas vu, tu étais là avec nous ?

— Oui j'étais là, c'était rudement calme hier soir, tu ne trouves pas ?

— Si, j'ai trouvé aussi, je ne sais pas pourquoi.

— Il y a des jours comme ça, je ne sais pas si on peut l'expliquer, c'est ainsi.

— Dis-moi, je suis venu te voir pour te poser une question.

— Vas-y toujours, si je peux répondre.

— Je voulais savoir si je vais voir Carla, que je lui raconte, que va-t-il se passer ? Et si je tente quelque chose avec mon autre moi qui se trouve là-bas, qu'est-ce que je risque ?

— Alors si tu lui racontes tout, toi tu ne risques pas et je ne te garantis rien pour elle.

— Quoi, pourquoi ?

— C'est comme ça, mais cela n'est jamais arrivé donc je ne peux pas te donner de garantie.

— Elle risque quoi ?

— De tomber comme une mouche, crise cardiaque ou autre chose.

— C'est nul ton truc !

— Mais c'est comme ça, maintenant si tu t'en prends à ton vrai toi, tu dois te dire que tu t'en prends à toi véritablement, donc si tu te tues, tu vas peut-être disparaître, je ne sais pas, je t'ai dit que ce n'est jamais arrivé.

— J'ai bien envie d'essayer, mais je voulais savoir pour toi, si je ne suis plus là que va-t-il se passer si tu n'as personne pour te remplacer ?

— Alors là faut pas t'inquiéter pour ça, le temps que je suis là y a pas de souci.

— Je vais essayer quelque chose, je ne sais pas quoi, mais je vais essayer.

— Si tu veux prendre ce risque c'est ton problème, il faut bien peser le pour et le contre.

— Soit je ne fais rien et ça reste comme ça, soit je tente quelque chose et tout s'arrange.

— Soit tu tentes quelque chose et tu te retrouves changé en limace.

— Oui, je ne l'avais pas vu comme ça.

— C'est pour cela qu'il faut peser le pour et le contre.

— Oui, mais j'ai bien envie de prendre le risque.

— Comme tu veux, je ne peux pas t'en empêcher, tu es grand, mais tu risques de tout perdre.

— J'ai envie de prendre le risque.

— Si tu veux, en tout cas sache que pour le fait que tu doives prendre ma succession il n'y a aucun problème.

— Demain je vais essayer quelque chose, je ne sais pas encore quoi, mais je vais essayer.

— C'est toi qui vois.

Il le quitta et passa faire un petit coucou à Charlotte et remarqua que Gilbert n'était toujours pas là.

Ensuite il rentra chez lui et bien entendu ses parents n'étaient pas rentrés alors il prit trois verres d'eau et il installa également des chaises dans le jardin pour se poser au calme.

Après quelque temps il entendit quelqu'un arriver, il aperçut sa mère qui rentrait de son yoga, il l'interpella :

— Salut Mam.

— Oh Louis, que fais-tu là ?

— Je suis posé tranquille, tu me rejoins ?

— Volontiers, je vais chercher une chaise, un verre d'eau et j'arrive tout de suite.

— T'as ce qu'il te faut déjà ici.

— Oh super, merci mon fils.

— Et papa il est où ?

— Partir voir quelqu'un à la choule.

Elle s'installa, quelques secondes plus tard, son père arriva, il lui dit :

— Bonjour monsieur.

— Tiens qu'est-ce que vous faites là ?

— On prend l'air, on est au calme.

— Je peux me joindre à vous ?

— Mais j'allais te le proposer.

— Alors je vais me poser avec vous volontiers.

— Tiens, tu as même à boire si tu veux ?

— Oh, mais c'est bon ça, c'est sympa, merci.

— Alors c'était bien cette séance de yoga Mam en compagnie de tes parents ?

— Oh oui c'était très bien merci, mais comment sais-tu que Gilbert était avec nous ?

— Il n'était pas chez Charlotte pour faire de la musique alors je me doute de savoir où il était.

— Oui logique en même temps.

— Oui tout à fait, mais si c'était bien pour toi.

— Oh que oui, tu vas à la douche en premier ou après ton père ?

— J'y vais après papa et toi dernière comme d'habitude.

— Pas spécialement, alors chéri tu peux y aller.

— Je termine mon verre d'eau et j'y vais, dit son père.

Il partit à la douche, Louis resta avec sa mère.

Au retour de son père, celui-ci invita Anne à s'y rendre à son tour.

Louis demanda à son père :

— Alors, comment est-ce que cela se passe entre Gilbert et maman ?

— Très bien, on ne dirait pas qu'il y avait une quelconque animosité entre eux avant.

— C'est cool ça, c'est très cool même.

— Oui, je sens ta mère beaucoup plus détendue.

À son retour de la douche, ce fut au tour de Louis.

Après ça, ils partirent dans le jardin pour leur cueillette de fruits et légumes.

Ils mirent tout le mobilier en place et s'installèrent avec tous les convives.

Au début du repas, Louis se leva et demanda à l'assemblée :

— S'il vous plaît, je veux faire quelque chose que l'on n'a jamais fait jusque-là, est-ce que vous voulez chanter ?

Toute la famille se mit à applaudir.

— À la vue de vos réactions, je pense que c'est oui, alors on va partir, et je voudrais qu'on parte sur une chanson des Beatles que tout le monde connaît… ou presque.

— Mais laquelle ? demanda Emma.

— *Hey Jude,* pour commencer.

Il commença à chanter, mais fut vite suivi par presque tous les convives.

À la fin de la chanson, Louis se releva pour demander à tout le monde :

— Qui en a une autre ?

— Moi, lança Hugo, je voudrais qu'on reste avec le même groupe, mais qu'on remonte un peu dans le temps, pourquoi pas *love me do*.

— Eh bien, c'est parti.

Et ils recommencèrent à chanter à tue-tête.

À la fin du repas et après plusieurs chansons ensemble, Louis redemanda :

— Maintenant que l'on a fini le repas et que l'on a bien chanté, on va devoir ranger.

— Oh non, dit sa grand-mère, encore une !

— D'accord, mais il faut faire attention à l'heure.

Et ils repartirent pour plusieurs chansons avec toute la famille, mais le souci est que certains ne connaissaient pas les chansons.

Quand soudainement, Anne profita du calme pour lancer :

— Papa, je peux avoir une pomme, s'il te plaît ?

Louis et son père se regardèrent, regardèrent Anne et se regardèrent à nouveau, mais personne ne dit quoi que ce soit.

— Tiens ma chérie, lui répondit Gilbert.

— Merci Pa'a.

Le repas continua, personne n'avait osé relever ce qu'il venait de se passer, certains n'avaient même pas remarqué.

Le repas se termina et tous rangèrent avant d'aller se coucher.

En arrivant chez eux, Louis regarda sa mère :

— Tu nous expliques maintenant ?

— Quoi ?

— Ce qu'il s'est passé ce soir, appeler Gilbert papa ?

— Quoi, c'est quoi le problème, et toi qu'est-ce qui t'a pris de commencer à chanter avec tout le monde ?

— Je ne sais pas, je me suis dit que c'était bien d'être tous ensemble, mais que ça manquait de quelque chose.

— C'est une superbe idée.

— Tu trouves ?

— Oh que oui ! répondit son père.

— Je me suis dit qu'un peu de musique, ça serait bien pour égayer encore plus le repas.

— Mais tu as totalement raison, mon fils.

— Maintenant au dodo, renchérit sa mère.

— À demain, bonne nuit, dit son père.

— Bonne nuit, mon fils, à demain, dit sa mère.

— Bonne nuit, mes parents, je voulais juste rajouter quelque chose… je vous aime de tout mon cœur.

— Nous aussi, répondirent-ils en chœur.

Et tout le monde monta se coucher.

41
Le réveil

Réveil matinal, Louis savait qu'il ne devait pas être tard, il se leva rapidement pour voir l'heure.

Il regarda par la fenêtre, huit heures dix, la lumière était là depuis dix minutes.

Il partit en courant pour prendre la direction du puits, en arrivant devant, Wail était là.

— Louis, toi ici ?

— Je vais la voir, elle me manque trop.

— OK, fais ce que tu veux faire, bonne chance !

— Merci à toi.

— Et à très vite !

— Hein… oui merci !

Il esquissa un sourire, il se retourna pour sauter directement dedans.

Il n'arriva pas proche de l'hôpital, mais à côté de chez lui, Carla devait s'y trouver.

Il était très heureux, alors il partit rapidement en direction de l'hôpital.

Il arriva devant, rentra et monta au bon étage.

Il frappa, mais comme personne ne répondit, il entra.

On y était…

C'était l'heure…

Qu'allait-il se passer ?

Il avança, l'électrocardiogramme s'emballa.

Qu'allait-il se passer ?

Il reprit sa marche en avant, plus il avançait, plus l'électrocardiogramme s'emportait.

Qu'allait-il se passer ?

Il s'arrêta.

Recula de quelques pas.

Qu'allait-il se passer ?

L'électrocardiogramme se calma aussi sec.

Il prit son courage à deux mains

Qu'allait-il se passer ?

Il recommença à avancer.

Il était triste de se voir comme ça.

Il arriva près du lit, il saisit son bras.

Un éclair retentit dans la chambre.

Il entrouvrit les yeux.

Une lumière l'éblouit.

Il ne pouvait pas bouger, mais où était-il, que ce se passait-il.

Il arrivait à peine à ouvrir les yeux, ou même à bouger le moins du monde.

Il ne distinguait rien si ce n'est cette lumière.

Il essaya d'appeler au secours, mais aucun son ne sortait de sa bouche.

Il décida de rester comme cela sans bouger.

Il attendait, mais rien ne se passait autour de lui, il ne savait pas où il était.

Il décida alors de refermer les yeux.

Il entendit un bruit, il rouvrit les yeux, mais cette lumière l'aveuglait toujours.

Soudain un cri de femme, il ne comprenait pas ce qu'on criait.

Il vit une ombre au-dessus de lui, mais n'arrivait toujours pas à voir quoi que ce soit.

On le força à ouvrir les yeux, on lui mit une lumière encore plus puissante dans les yeux.

Il commençait à comprendre ce qu'on disait.

— Vous m'entendez, Monsieur ?

D'un seul coup, il entendit encore un cri.

— Louis, chéri tu m'entends ? C'est moi, c'est Carla !! Tu es là ? Mon amour ?

— Madame, s'il vous plaît, surveillez-le, je vais aller chercher le docteur.

— Oui, pas de souci.

Il entendit un bruit de porte.

— Louis, tu m'entends ? Comment ça va ? Si tu m'entends, fais-moi un signe s'il te plaît.

Il entendit une porte s'ouvrir puis se fermer.

— Madame, je vais vous demander de sortir !

— Non, maintenant que je l'ai retrouvé je reste proche de lui !

— S'il vous plaît, laissez-nous travailler.

— D'accord, mais… Louis, je t'aime !

Il entendit la porte s'ouvrir et se fermer.

— Monsieur, calmez-vous, tout va bien, c'était une voix d'homme cette fois-ci.

Il commençait à voir des images, mais rien de bien précis.

Il entendait des bruits de plusieurs personnes qui vadrouillaient à ses côtés.

Il ne comprenait pas ce qu'on disait autour de lui, mais il comprit vite que tout le monde était là pour son bien.

Puis il réalisa ce qu'il se passait, ses parents ne se trouvaient plus là.

— Monsieur, si vous m'entendez pouvez-vous cligner des yeux s'il vous plaît ?

Il y arriva plusieurs fois.

— Oui c'est ça monsieur, ne vous inquiétez pas, vous savez où vous êtes et pourquoi vous êtes ici ? Est-ce que vous pouvez cligner des yeux deux fois si vous me comprenez ?

Il y arriva deux fois.

— Oui très bien, alors maintenant je vais vous demander de rester calme et on va s'occuper de vous, on est là pour vous, resté tranquille.

Il entendit toutes sortes de bruits de personne qui s'activait autour de lui, puis ELLE était là et dit :

— Louis, c'est moi c'est Carla, tu m'entends, fais-moi un signe si tu m'entends ?

Il pouvait sentir la douceur de la peau de l'amour de sa vie

— Madame, il a cligné des yeux pour nous faire comprendre qu'il était conscient.

— Mais comment ?

— Monsieur, si vous comprenez madame clignez des yeux deux fois.

Il cligna des yeux à deux reprises.

— OUI, chéri, c'est moi, je suis là, je ne te quitte plus maintenant que tu es réveillé, je suis là, je t'aime !

Quand il entendit les mots qu'elle venait de prononcer, il sentit son cœur s'accélérer, de même, évidemment, que son électrocardiogramme.

— Pourquoi ton cœur s'accélère comme ça ?

Il ne pouvait pas répondre et cela lui faisait mal, mais de savoir qu'elle était à côté de lui le rendait heureux.

Au cours de la journée, Louis remarqua qu'il voyait beaucoup mieux qu'avant, mais que les images n'étaient toujours pas très nettes.

Carla était à ses côtés pour lui raconter les nouvelles écrites dans le journal, mais également la météo ou bien des histoires drôles.

Louis était plus qu'heureux de la savoir à ses côtés.

Les journées passaient et elle veillait sur lui et il sentait qu'il l'aimait encore plus qu'avant, il ne pouvait rien dire.

Après quelques semaines, Louis fut surpris de la fois où un son sortit de sa bouche.

Au fur et à mesure, il commença à former des sons différents, puis des lettres et enfin des mots.

Toutes les fois où elle n'était pas là, il essayait de parler en plus des exercices qu'il faisait avec les médecins pour sa rééducation.

Tous les jours, il travaillait, Carla était toujours à ses côtés afin de le soutenir et cela le renforçait.

Il arriva enfin à dire des phrases bateaux, les plus simples possibles.

Au fur et à mesure du temps, Louis arrivait même à se mettre assis sur son lit, les docteurs ne voulaient surtout pas brusquer les choses en le mettant debout.

Mais le moment qu'il préférait dans la journée c'était de se retrouver seul avec Carla.

Ensemble la discussion était rapide, vu qu'il n'arrivait toujours pas à faire de grandes phrases.

Mais il pouvait rester là à l'écouter lui parler pendant des heures et des heures.

Même sans rien dire, le seul fait de savoir qu'elle était là à ses côtés lui suffisait.

Une des premières questions qu'il put lui poser a été :

— Cœur, moi je veux savoir quand les cours ?

— Alors là on est le 8 juin, l'année va être terminée, mes profs veulent me faire redoubler et je ne reprendrais qu'après les vacances de janvier.

— C'est vrai ?

— Oui, mais comme ils m'ont dit, j'ai tellement de facilités que ça ne leur fait pas peur.

— OK, donc tu me dis que jusqu'en janvier y a pas école ?

— C'est ça.

— Moi c'est l'époque que je vais reprendre le travail.

— Attends, il faut que tu te reposes au maximum mon amour, ne brusque pas les choses.

Les semaines passaient et les progrès que Louis faisait étaient considérables.

Puis vint le temps de tenter de se mettre debout, Carla était à ses côtés bien entendu.

Après y être arrivé, il fit son premier pas, elle se mit à pleurer, et ensuite deux pas, trois, quatre et enfin il arriva à faire des allers-retours dans tout le couloir.

Après plusieurs semaines, il reçut l'accord des médecins afin de rentrer chez lui.

Le jour où il quitta sa chambre d'hôpital fut particulier pour lui, mais aussi pour Carla qui se disait qu'elle n'aurait plus à venir ici tous les jours.

Ce moment de rentrer chez lui était énorme.

42
Le retour à la vie

CE MATIN !!!

Ce matin, le premier où il se réveilla chez lui avec sa moitié à côté était le plus beau moment de sa vie.

Et de sa mort aussi…

Il serra Carla dans ses bras, il l'embrassa tendrement au creux du cou, il n'avait pas envie de se lever et il se dit qu'il resterait bien là pendant des années.

— On fait quoi aujourd'hui ? dit-il à Carla.

— Aujourd'hui je ne sais pas, mais le 21 octobre, je voulais aller faire un tour du côté de la patinoire, le soir on mange là-bas et après je te réserve une petite surprise.

— Ah oui ?

— Un petit match de hockey.

— Cool et quoi ?

— Les *Red wings* contre *Les Flames de Calgary.*

— Mais c'est trop cool ça, merci beaucoup.

— Je me suis dit que tu voulais revoir de la *NHL* et le dimanche d'après je t'emmène voir aussi un match de *NBA* les *Chicago Bulls* contre nous, les *Detroit Pistons.*

— SUPER, je vais avoir envie de retomber dans le coma moi avec tout ça.

— Ce n'est pas drôle.

— Oui pardon, mais c'est top, hockey et basket en quatre jours, merci mon amour.

— Oui, et moi je voulais te demander autre chose.

— Oui, vas-y.

— Tu connais un Gilbert ?

Il se dit que le fait qu'elle lui en parle était très bien.

— Gilbert ?

— Oui il a dit qu'il te connaissait quand vous étiez jeunes.

— Ah oui Gilbich.

— Tu connais ?

— Oui c'était un pote.

— Tu sais qu'il était là presque tous les jours quand tu étais à l'hôpital et depuis que tu es réveillé je n'ai plus aucune nouvelle de lui.

— Ça ne m'étonne même pas, il était comme ça.

— C'est vrai ?

— Oui, tu sais lui et moi on était très proches et on se ressemble énormément.

— J'ai trouvé aussi, mais pourquoi je n'ai pas de news ?

— Je n'en sais rien ? Toi, t'es tombée sous son charme ?

— Hein ? Quoi ? Mais non, il n'y a eu que toi !

— Faut pas rougir, je te fais marcher.

— Ah très drôle !

— Je n'ai pas envie, mais demain j'aimerais aller voir mes collègues.

— Tu es prêt à retourner à l'hôpital ?

— Oui je pense, mais tu sais je n'ai pas beaucoup de souvenirs de là-bas.

— C'est bien pour toi.

— La question est, toi tu es prête ?

— Non, je ne me sens pas bien, désolé.

— T'inquiète, je comprends tout à fait.

— Merci, c'est gentil.

— Ça ne te dérange pas si j'y vais seul ?

— Non du tout, je pense même que cela peut te faire du bien d'y aller.

— Je pense y aller demain matin, je suis pressé.

— Je te crois chéri.

— Je t'aime mon cœur.

— Moi aussi je t'aime tout plein, tout plein, tout plein.

Le lendemain comme c'était prévu, Louis alla à l'hôpital et plus particulièrement aux urgences.

Il arriva à l'accueil, mais ne connaissait pas la fille derrière le comptoir, il lui demanda :

— Bonjour Madame, est-ce que Gilles est là ?

— Gilles, oui, il est là, je vous l'appelle ?

— Oui s'il vous plaît.

Elle passa un coup de fil, raccrocha et dit :

— Restez ici, il va arriver tout de suite.

Après une minute, la porte s'ouvrit, Gilles entra dans la salle d'attente, le vit, stoppa net et ne put rien dire.

— Bonjour chef, comment allez-vous ?

— …

— Bonjour chef.

— Louis, mais que fais-tu là, pourquoi ?

— Je voulais venir vous voir, tout simplement.

— Mais ça fait plaisir.

Il s'approcha de Louis qui lui tendit la main.

— Non, viens là, dit Gilles.

Il l'attrapa dans ses bras et le serra très fort.

— Ça fait plaisir de te voir ici et debout.

— Merci chef, moi aussi ça me fait plaisir.

— Tu t'es bien remis alors à ce que je vois.

— Oh oui, ça a été très vite.

— Viens, tu veux un café ?

— Oui, mais je me demandais où est Nicolas ?

— Tu ne sais pas, il a démissionné suite à l'accident.

— Quoi, mais pourquoi a-t-il fait ça ?

— Il a mal vécu ce qui t'était arrivé.

— Non, mais non il ne faut pas, je vais aller le voir chez lui, il faut qu'on parle.

— Si tu veux, moi je lui ai dit que son casier était toujours là et qu'il l'attendait.

— OK, j'irai demain, Carla m'attend pour qu'on aille faire des courses.

— Cool, en tout cas ça fait plaisir de te voir ici.

— Moi aussi, merci et à bientôt, chef.

— T'inquiète, tu as le temps.

Il ressortit de l'hôpital et reparti en direction de chez lui pour retrouver Carla.

En rentrant, il lui expliqua qu'il irait voir Nicolas le lendemain matin, elle répliqua :

— Comme ça je vais faire mon ménage.

— Tu ne préfères pas qu'on le fasse ensemble ?

— Non t'inquiète, je vais le faire, mais maintenant j'irais bien en courses.

— D'accord si tu veux.

Après les courses, ils passèrent à table et enfin ils allèrent se coucher.

43
Que s'est-il passé ?

Réveille matin, Louis se réveilla en sursaut, comme cela lui arrivait régulièrement depuis qu'il était là.

Il regarda autour de lui et se rendit compte qu'il ne se trouvait pas dans sa chambre avec ses parents près de lui.

Mais elle était là, elle, à côté de lui, étendu de tout son long avec son épaule qui dépassait de la couette.

Il était alors le plus heureux du monde et ne put s'empêcher de lui faire un bisou sur son épaule dénudée.

Elle ne bougea pas d'un poil, mais Louis remarqua un petit rictus sur son visage.

— Bonjour petite demoiselle.

— Bonjour charmant monsieur, lui dit-elle.

— Dis-moi ce que tu veux pour déjeuner.

— Alors je voudrais un bisou et un petit câlin.

— Tout de suite madame.

Il la serra dans ses bras avant de lui faire un bisou.

— Et avec ceci ?

— Est-ce que vous avez encore des bisous ?

— Volontiers, vous en voulez beaucoup ou non ?

— Juste une dizaine, c'est possible ?

— C'est par douze, je vous en mets combien ?

— On va déjà partir sur une douzaine.

Il l'embrassa, le tout en comptant.

— … dix, onze et douze, voilà madame.

— Non s'il vous plaît, je vais en reprendre encore une.

— Mais bien sûr.

Il recommença à l'embrasser de plus belle.

L'après-midi ils avaient décidé d'aller au *Jackson parc* ensemble, avec un petit restaurant, Eddy's Mediterranean Bistro, un resto qui faisait de la cuisine libanaise et idéale pour un repas en amoureux.

Carla demanda à Louis :

— Tu vas y aller quand voir ton collègue ?

— Oui je dois, mais j'ai peur.

— Et pourquoi ?

— Je ne sais pas ce que l'on va se dire, de comment il a vécu tout cela.

— S'il ne travaille plus, c'est peut-être parce qu'il a mal vécu ton accident.

— Oui, mais je ne comprends toujours pas ce qu'il s'est passé ce jour-là, pourquoi la voiture qui m'a percuté est la même qu'on avait vue la veille et qui a disparu par la suite.

— Je n'arrive pas à comprendre moi aussi.

— Mais tu as raison, s'il n'est pas bien à cause de moi pour cette histoire je me dois d'aller le voir.

— Très bonne réflexion, j'aime quand tu résonnes comme cela mon amour.

— Merci, eh tu sais quoi ?

— Oui ?

— Je t'aime !

— Moi aussi je t'aime, mon amour.

— Je vais y aller tout de suite, le temps que je suis motivé, tu viens avec moi ?

— Non je vais rester là pour faire mon ménage.

— Comme tu veux, mais ce n'est pas « ton » ménage, c'est « notre ménage ».

— Oui je sais, lapsus.

— Comme tu veux, à tout de suite.

— À tout de suite.

Louis partit en direction de chez Nicolas.

Il arriva dans sa rue, hésita longuement.

Il se résolut à y aller, maintenant qu'il était là, il arriva devant chez lui, sonna à la porte.

Elle s'ouvrit, c'était lui, Nicolas, mais pas celui qu'il connaissait dans le travail, l'homme en face de lui ressemblait à un mendiant, ses vêtements étaient sales et troués, il n'était pas rasé et une vieille odeur arriva.

— Bonjour Nico.

Il leva les yeux, fondit en larmes et se jeta sur lui.

— Louis, toi ici, j'ai appris que tu t'étais réveillé, je suis désolé de ne pas être venu te voir, vraiment désolé, tu ne m'en veux pas, j'aurais aimé venir, mais c'était plus…

— NICOLAS, stop, tu as fini ?

— Hein ? Quoi ? Oui, pardon.

— C'est bon, tu as fini ? Tu sais, moi j'ai dormi tout le long, je ne t'ai pas vu de même que je n'ai vu personne.

— C'est vrai ?

— Je n'ai même pas vu Carla qui était là tous les jours.

— Bah ça va, ça me rassure.

— Et c'est pour cela que tu ne vas plus au taf, c'est parce que tu ne venais pas me voir ?

— Non, c'est parce que je l'ai vue…

— Qui ?

— La voiture, celle qui t'a mise en l'air.

— Et ? Ça fait quoi ?

— C'était elle, celle qu'on avait vue la veille !

— Comment ça ?

— La voiture qu'on a vue la veille qui avait tapé le poteau avec du sang sur le capot.

— Celle qui a disparu après, mais je ne sais toujours pas ce qui est arrivé ce soir-là et où est-elle passée.

— Et le poteau qui était couché par la voiture et qui se retrouve intact comme par magie.

— Oui, tu sais, je ne comprends toujours pas.

— La voiture qui t'a renversé, c'était une Ford mustang bleue, c'est la même qu'on a vue la veille.

— Je sais ça, mais je n'ai pas voulu lire les conclusions de la police.

— Mais moi je l'ai vue la voiture qui t'a renversé ce soir-là, c'est la même que la veille.

— Tu me fais marcher ?!

— Non je te jure, la même voiture, les taches de sang aux mêmes endroits.

— Mais arrête, tu vas me faire flipper là !

— Je te jure, c'est la même voiture dans la même disposition que la veille.

— Mais comment tu peux l'expliquer ?

— Alors là, désolé, je ne peux pas.

— C'est impossible !

— C'est ce que je me suis tué à expliquer à la police qui m'a interrogé ensuite.

— Je ne comprends pas le moins du monde, mais maintenant que je suis revenu, tu vas revenir travailler avec moi quand j'aurai terminé ma convalescence.

— Je ne sais pas si je pourrais, j'ai même trop peur de sortir dans la rue.

— Je me doute que ça ne doit pas être très facile.

— Si on pouvait m'expliquer, ça m'aiderait.

— En attendant, tu vas prendre une douche, tu vas te raser, mettre des vêtements et on va sortir tous les deux.

— Non.

— Si ! Tu as intérêt, sinon je t'attrape par la peau du cou et je t'emmène de force.

— Pour aller où ?

— Je ne sais pas, mais viens on va trouver, ne t'inquiètes pas, tu veux manger quoi ?

— Rien, depuis ton accident je ne mange presque plus.

— Eh bien, là je te garantis que tu vas manger.

— Bon d'accord, c'est parti.

Il se rasa de près et prit une bonne douche, Louis retrouva son collègue.

Ils montèrent dans la voiture, il lui dit :

— Bon alors, on va où ?

— Je me disais qu'on pouvait aller au petit resto qu'on avait l'habitude, le…

Et tous les deux dirent en chœur :

— PEPA'S.

Ils éclatèrent de rire, Pepa's était une pizzeria à côté de l'hôpital où ils travaillaient.

— C'est bon Louis de te retrouver.

— Oh oui c'est bon de te retrouver, de retrouver tout ça, comme si rien n'avait changé.

— Si ça a changé, toi tu as changé.

— Quoi, moi je n'ai rien changé.

— Si tu as perdu du temps de vie.

— Non, dis-toi que j'ai dormi ou j'ai juste fait une sieste.

— Oui si tu veux, si tu le prends comme ça.

— Mais je n'ai pas le choix, c'est arrivé et je ne l'ai pas choisi. Si tu fais des trucs dangereux et qu'il t'arrive quelque chose, tu ne peux t'en prendre qu'à toi, mais là ce n'est pas le cas, je n'étais pas au volant de cette voiture.

— Tu as entièrement raison.

— Eh oui, bon on y va, on va casser la croûte ?

— C'est parti.

Ils allèrent manger dans ce restaurant où ils passèrent un bon moment de rigolade comme au bon vieux temps.

Après avoir raccompagné Nicolas chez lui, Louis décida de rentrer retrouver Carla.

— Rebonjour mon cœur, dit-il.

— Bonjour chérie, alors tu l'as vu ?

— Oui, il était chez lui.

— Comment il va ?

— En arrivant il n'était pas bien, mais quand je suis reparti j'ai vu celui avec qui je travaillais.

— Cool, pourquoi il était comment quand tu es arrivé ?

— Le même, mais pas rasé, crade sur lui et qui ne sent pas très bon, après un petit passage dans la salle de bains, et le tour était joué.

— Et comment tu le vis le fait de le retrouver ?

— Ça fait plaisir, mais il m'a raconté un truc bizarre, tu sais la voiture qu'on avait vue la veille pour terminer contre un poteau sur Luther ?

— Oui, qui avait disparu par la suite ?

— Oui, eh bien, il me dit que c'est cette voiture qui m'aurait tapé contre le même poteau.

— Hein quoi ? Mais comment c'est possible ?

— Je ne sais pas, demain je vais faire un petit passage au commissariat pour poser la question à la police.

— Tu as bien raison.

Ils passèrent une bonne soirée avant de finalement aller se coucher.

44
La même histoire

Réveil matinal avec un grand sourire.

Il tourna la tête et vit que Carla était à côté de lui, il la serra dans les bras.

Après quelques minutes, il se décida à se lever non sans lui avoir fait un bisou, il descendit afin de préparer un petit déjeuner.

Il réalisa alors que c'était aujourd'hui que Wail devait partir, mais il ne serait pas là et c'était tant mieux.

Elle se leva, le retrouva en bas et lui dit :

— Mais non, c'est à moi de me lever pour te préparer ton petit déjeuner.

— T'inquiète, c'est aussi toi qui es venue tous les jours pour me voir le temps que moi je dormais bien profondément.

— Dis pas ça !

— Moi aussi je t'aime !

— Bisous mon amour.

— Je déjeune et je vais au commissariat poser deux ou trois questions sur l'accident.

— Tu vas en avoir pour longtemps ?

— Non, ça devrait être vite fait.

— OK, je te rappelle qu'il y a un match de hockey après.

— Pas de souci, mon cœur.

Ils prirent leur déjeuner, une douche, Louis se prépara pour aller voir un agent de la police.

Au moment de partir, il dit à Carla :

— J'y vais vite fait et je reviens aussitôt.

— Très bien mon amour, dépêche-toi.

— Oui j'y pense, t'inquiète, tu me manques déjà !

— Toi aussi, je t'aime !

— Moi aussi je t'aime !

Il partit au commissariat pour avoir des réponses.

Il arriva à l'hôtel de police, expliqua ce qu'il l'amenait ici, la fille à l'accueil lui demanda d'attendre un peu.

Elle passa des coups de téléphone.

Après une ou deux minutes, elle lui dit enfin :

— Monsieur, je vais vous demander d'attendre ici quelqu'un va venir.

Après trois ou quatre minutes, une personne arriva, il demanda à Louis :

— Monsieur Poncelet ?

— Oui bonjour.

— Bonjour monsieur, inspecteur Webirono, enchanté, je suis un ami de Nicolas votre collègue.

L'inspecteur était petit, blond, mais avec une certaine posture, on voyait qu'il faisait du sport vu son métier.

— Oui, il m'a déjà parlé de vous.

— En bien, j'espère…

— Évidemment.

— Est-ce que vous voulez me suivre jusqu'à mon bureau s'il vous plaît ?

— OK d'accord.

Ils partirent dans les couloirs jusqu'à un petit bureau avec une fenêtre et des dessins d'enfants.

— Je vous en prie, asseyez-vous.

— Merci.

— Vous vouliez me voir, moi aussi je voulais vous rencontrer pour votre histoire.

— Oui, je voudrais comprendre.

— Alors, ce soir-là, on a un appel d'urgence de Nicolas pour un accident sur Luther, une voiture qui aurait violemment heurté un poteau qui se serait couché.

— Oui, c'est ça.

— On se déplace sur le lieu de l'accident et là rien, ni voiture ni poteau couché.

— C'est ce qu'on m'a rapporté aussi.

— Et le lendemain on est appelé pour le même accident avec la même voiture, quand on arrive, on la retrouve contre le poteau comme on m'avait prévenu la veille.

— Oui, je ne comprends pas moi non plus.

— Et c'est là qu'on vous a retrouvé presque mort.

— Je ne pourrais pas vous dire, moi je me souviens d'avoir vu la voiture et rien de plus.

— Le souci est qu'il n'y avait personne au volant et que c'était une voiture volée.

— Donc vous ne savez pas qui conduisait ?

— Non, on a cherché, mais aucune emprunte ni cheveux, rien du tout.

— Et le sang sur la voiture ?

— Comment vous savez qu'il y avait du sang ?

— J'ai vu ça la veille… Je ne crois même pas ce que je viens de vous dire.

— D'accord, donc le sang retrouvé sur la voiture était le vôtre, et rien qu'à vous.

— Vous n'en savez pas plus, vous ne pourrez pas répondre à mes attentes.

— J'espérais aussi que vous répondriez à mes questions.

— Je suis désolé, je n'ai aucune idée, mais comment expliquer avoir vu une voiture qui percute un poteau la veille où a lieu l'accident qui aurait pu me coûter la vie ?

— C'est un grand mystère, monsieur. En tout cas, je reste à votre disposition si vous avez d'autres informations.

— Très bien, merci à vous, bonne journée.

— Bonne journée à vous aussi.

Il sortit du commissariat avec une drôle d'impression.

Il n'en savait pas beaucoup plus.

Il reprit sa voiture et partit sans aucun but.

Il se contentait d'avancer dans la ville.

Il se retrouva à côté du lieu de l'accident.

Il ralentit, se gara.

Il descendit de sa voiture.

Il déambula jusqu'au lieu de l'accident.

Il ne savait pas ce qu'il cherchait.

Il rêvassait en pensant à l'accident.

Il releva la tête.

Il vit le même chien que le jour de l'accident.

Il sentit une goutte de sueur sur son front.

Il tourna la tête.

Il vit la Mustang bleue.

Il vit le chien qui traversa.

Il aperçut Wail au volant de la voiture folle.

Il vit la voiture perdre le contrôle.

Il vit la voiture foncer sur lui.

Il sentit la voiture le heurter.

Imprimé en Allemagne
Achevé d'imprimer en mars 2024
Dépôt légal : mars 2024

Pour

Le Lys Bleu Éditions
40, rue du Louvre
75001 Paris